シリーズ「遺跡を学ぶ」132

戦国・江戸時代を支えた石
小田原の石切と生産遺跡

佐々木健策

新泉社

戦国・江戸時代を支えた石
―小田原の石切と生産遺跡―

佐々木健策

【目次】

編集委員
勅使河原彰（代表）
小野　昭
小野　正敏
石川日出志
小澤　毅
佐々木憲一

装　幀　新谷雅宣
本文図版　松澤利絵

第1章　小田原の石の文化

1　石を「土産」にする村々

江戸時代後期、日本の各地でそれぞれの土地の自然や産物、名所などをまとめた地誌がさかんにつくられた。現在の神奈川県の大分部を占める相模国でも、一八四一年（天保一二）に『新編相模国風土記稿』が編まれた。

この『新編相模国風土記稿』には「土産」という項目があり、なかには〝石〟を土産として記す村がある。まさか石を手土産にはしないだろうから、特産品のことと思われるが、本書でとりあげる相模国西部（現在の神奈川県西部、足柄下郡《あしがらしもぐん》）では、じつに七つの村が石を土産としている（**表1**）。そしてここには「根府川《ねぶかわ》石」「荻野尾《はぎのお》石」「磯朴《いそぼく》石」「江《え》ノ浦《うら》玄蕃」「小松石」といった特産品らしい銘柄も記されている（**図1**）。

たとえば「根府川石」は、小田原市の南、根府川・米神《こめかみ》にまたがる山から産出される緻密で

表１●石材を「土産」とする村

村名	石名	記載内容
米神村	根府川石	西山より産す、此石は隣村根府川と当村の両処のみ産し、他村には絶てなき所なり
根府川村	根府川石	西山より産す、石理尤緻密にして、且堅牢、年所を経れど剝落するの患なし、故に碑石或は庭中の飛石などに専ら用いる、此石他邦に産することなし、当村及隣村米神両村接界の所より産するのみ、実に当国土産の第一と謂つべし、此石の形、剝殺せし如く見ゆれど、左にあらず、山腹砂石中に瘞りて生ぜるを、其まゝ穿出して用材に充つとなり
	荻野尾石	西山の内宇荻野尾山より産す、是も堅牢にして小松石の類なり
	磯朴石	海岸に生ず、俗黒朴石と唱へ、仮山の石に用いる
江ノ浦村	江ノ浦玄蕃	西山に産す、江ノ浦玄蕃と唱へ、石理堅牢なり
岩村	小松石	小松山より産するを以て此名あり、石理至て緻密にして、且堅牢、剝落の患なし、故に碑石に用い是を最とす、故に古より御宝塔にも是を用らると云、又御三家方及松平阿波守の采石場あり、是は寛永二年よりの事と云、されば村内宕戸農民の半に過
真鶴村	石	海岸に産す、敷石礎石甃石等に、用いるものなり
土肥吉濱村	石	西北山中に産す、石理尤堅牢なり、小松石の類なり、山中に尾張殿の采石場あり
土肥門川村	石	走湯山領より産す、村民農隙に専ら采石して、都下にも□げり

注）『新編相模国風土記稿』より作成（新字体新仮名づかいに改めた）。

根府川石

小松石

図１●特産品の石
古くから用いられた石にはさまざまな特徴がある。人びとはその特徴をとらえて適材適所に用いてきた。『新編相模国風土記稿』にもその特徴が記されている。

硬い石（安山岩《あんざんがん》）で、長年たっても剝落しにくく、碑石や庭石に用いられたという。縄文時代にも敷石住居などに使われていて、現在でも石碑や庭石として人気の石材である。

また、「小松石」は現在の真鶴町岩《いわ》にあたる岩村特産の石（安山岩）で、古くから石碑や宝塔に使用されていた。江戸時代には城郭や御台場の石垣などにも使われ、現在では墓石などに用いられる高級石材である。

このほかにも、小田原市西部にあった風祭《かざまつり》村の項には、昔は村内の石切山《いしきりやま》から採石して「小田原石」として出荷していたという註記がある。現在「小田原石」は採掘されていないが、この石は「風祭石」「水道石」ともよばれる溶結凝灰岩《ようけつぎょうかいがん》で、小田原城とその城下町の発掘調査では、暗渠の石組水路などに使われている状況をよくみかける。

このように『新編相模国風土記稿』からは、相模国西部、小田原とその周辺の村々がさまざまな石材を産出する地域であったことがわかる。石はさまざまな名前でよばれ、それぞれの個性に合わせて選択され、人びとの暮らしに供されてきた。石はわたしたちにとって、古くからもっとも身近な材料の一つなのである。

2　石を見立てる人びと

小田原は神奈川県南西端に位置する。南には広大な相模湾が広がり、西は峻険な箱根山につらなる山地となっている（**図2**）。この小田原は、『新編相模国風土記稿』が記されるおよそ

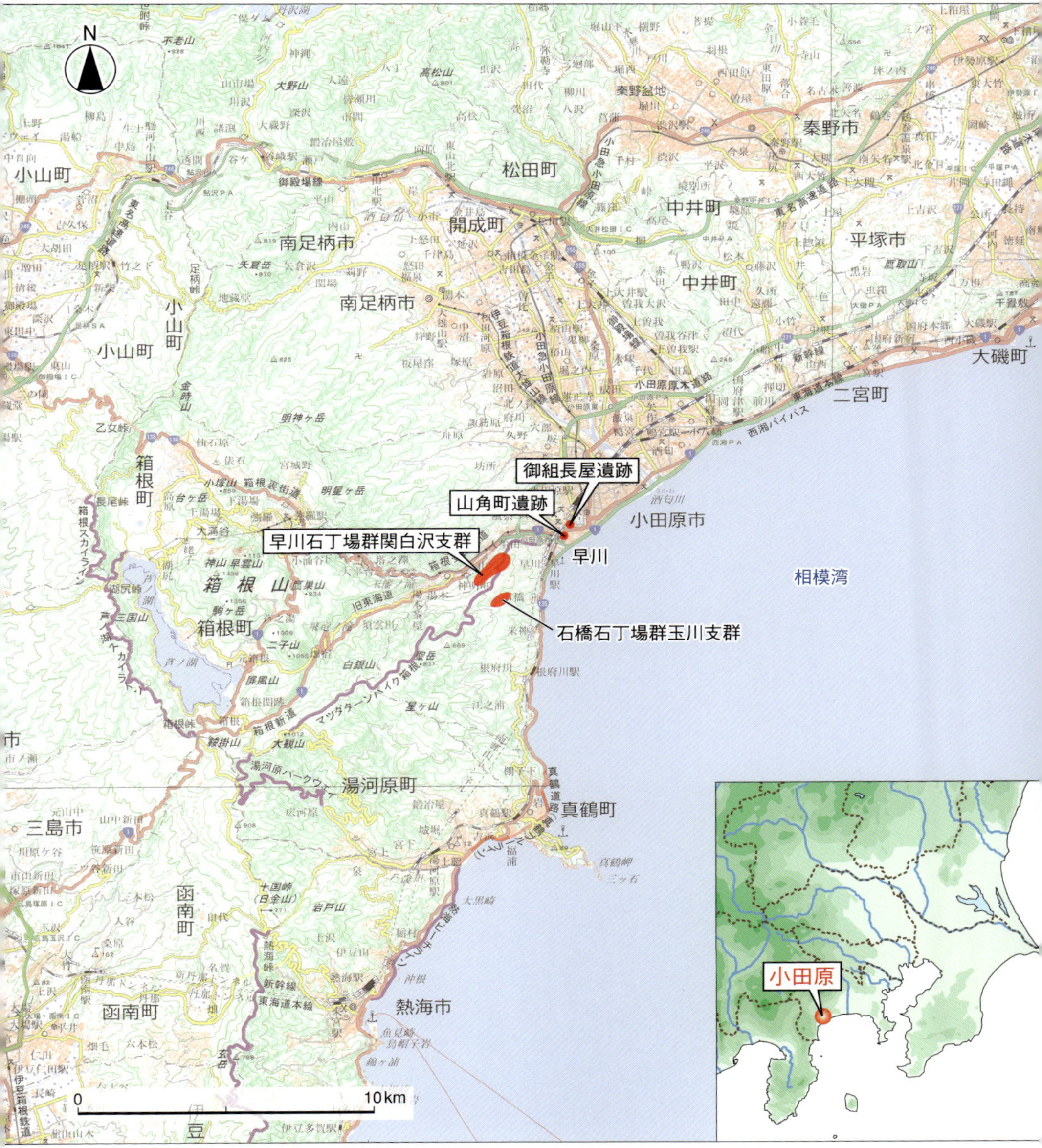

図２ ● 小田原とその周辺図
箱根火山の麓に位置する小田原は関東地方の入口にあたる。現在も小田原駅には鉄道５社が乗り入れる交通の要衝である。

三百年前の戦国時代、関東一円を支配する小田原北条氏（後北条氏）の本拠地であった。小田原北条氏は、北条早雲として知られる伊勢宗瑞《そうずい》が一五〇一年（文亀元）までに小田原城に進出し、豊臣秀吉が天下統一を確実なものとする一五九〇年（天正一八）の小田原合戦に至るまで、五代（宗瑞・氏綱《うじつな》・氏康《うじやす》・氏政《うじまさ》・氏直《うじなお》）約百年にわたって関東に覇をとなえた。

この小田原北条氏に関する文書は、関連文書まで含めると五〇〇〇通以上が残っているといわれており、そのなかには石材加工に関する文書もいくつかある。そのなかの一つがつぎの文書である（図3）。

土肥御屋敷うしろの山石、此度善左衛門見立申切石、御土蔵之根石に、南条・幸田如申切之可申候、公用義、自両人前請取可申者也、仍如件

辰
九月五日　　丹後奉之

石切　左衛門五郎
同　善左衛門

これは一五六八年（永禄一一）に、石切《いしきり》（石工のこと）の棟梁である左衛門五郎と善左衛門に、土蔵の根石として、善左衛門が見立てた土肥《どい》御屋敷裏の山石を切り出すよう命じた文書である。土肥御屋敷とは、現在の神奈川県湯河原町に比定されており、地質的には安山岩あるいは凝灰岩を産出する場所である。

「善左衛門見立」とあることから、善左衛門という人物は小田原北条氏の命により、石を適切に選択できる鑑定眼をもった職人であったことがわかる。そして、領主は石の重要性を認識しており、石を見立て・加工する能力のある職人を重用したのである。

この後、左衛門五郎および善左衛門には石を運ぶために伝馬手形が支給され、さらに一カ月後の一〇月一六日にも石の切り出しが命じられている。

このように西相模地域は石を産出する地域というだけでなく、用途に応じて石を見立てる職人が住む地域でもあった。広大な平野が広がり、硬質な石材を産する山岳地帯の少ない関東地方では、この地域はまさに宝の山であり、時の権力者、小田原北条氏にとって重要な資源であったのである。

天保年間の『新編相模国風土記稿』に石を特産品と記すことができたのは、このような職人の系譜があったためであろう。

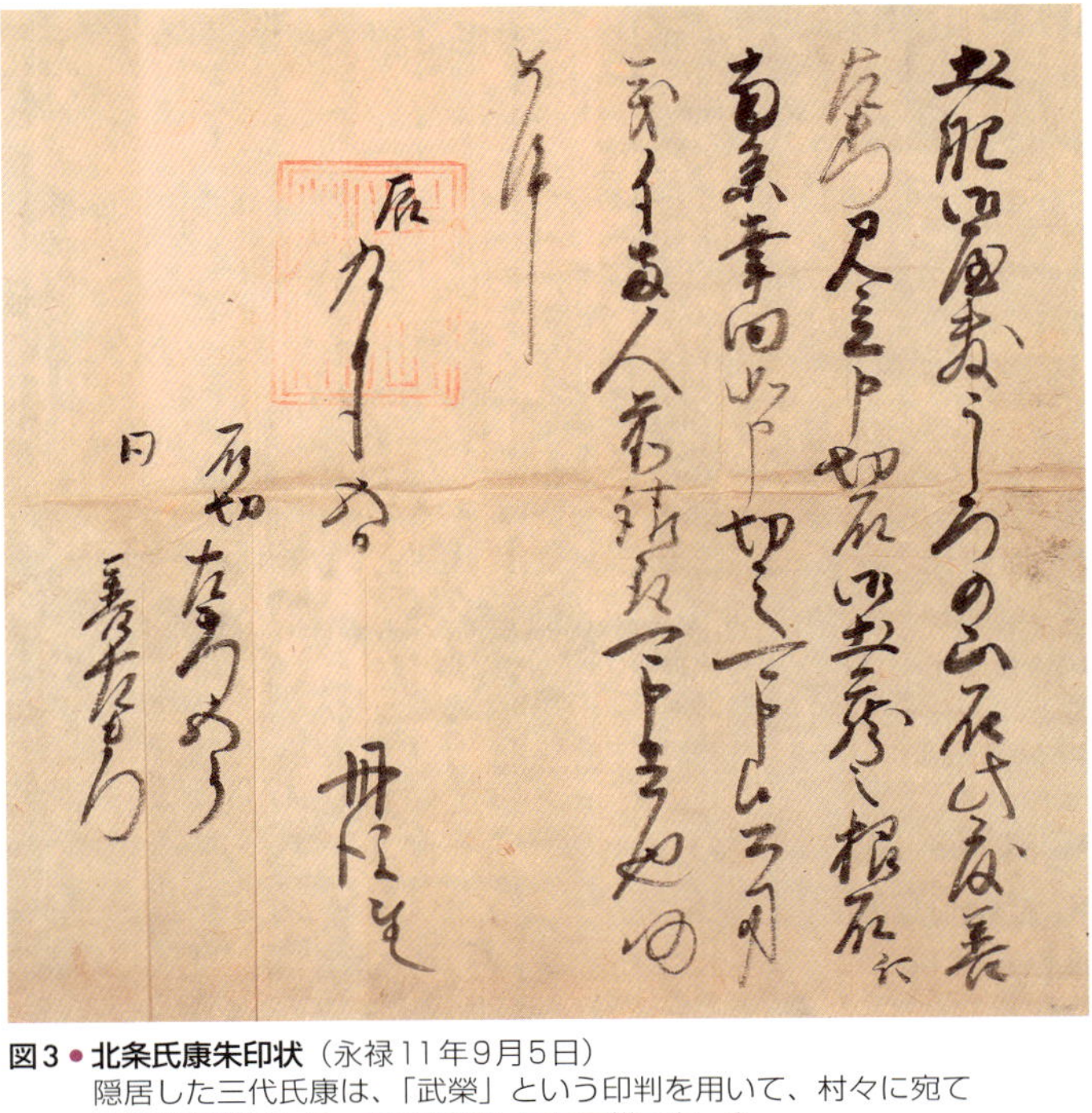

図3 ● 北条氏康朱印状（永禄11年9月5日）
隠居した三代氏康は、「武榮」という印判を用いて、村々に宛てて書状を発給した。石切に対しても同様であった。

3　箱根火山の恩恵

西相模地域が石を特産品とする背景には、天下の険とも謳われた箱根火山の存在がある（図4）。箱根火山が活火山であることは、著名な箱根七湯の存在や二〇一五年に硫黄香る大涌谷で小規模噴火があったことからも明らかである。

しかし、古期外輪山と新期外輪山がとりかこみ、広いカルデラ内に中央火口丘と芦ノ湖があるという箱根火山の複雑な地形が、どのようにできあがったのかが明らかになってきたのは、つい最近のことといっても過言ではない。

かつては富士山のように、裾野が広く頂上に近づくにしたがって急斜面となる円錐形の成層火山が噴火し、その後、中央部が陥没してカルデラが形成され、さらに小規模な噴火が起こったことで、カルデラ内に中央火口丘が成立したと考えられていた。ところが、近年の研究成果により、箱根火山はかなり複雑な火山活動のくり返しによって形成されたことがわかってきている。

近年の研究で明らかになった箱根火山の形成過程は、四〇〜二三万年前に、後の外輪山を形成する活発な火山活動が起こり、二三〜一三万年前までに箱根火山中央に巨大なくぼみができてカルデラが形成された。その後、一三〜八万年前にカルデラのなかで珪長質《けいちょうしつ》マグマが噴出する前期中央火口丘形成期があり、四万年前以降に神山《かみやま》や二子山、駒ケ岳などが形成された後期中央火口丘形成期となったというものである。

　こうして時期・場所の異なる多くの火山噴火が起こったことにより、それぞれの噴火による噴出物は少しずつ異なり、それぞれの場所に個性的な組成を示す岩石ができあがった。つまり、箱根火山の火山活動により形成された西相模地域から伊豆半島北部では、地域によって、その場所の溶岩を生みだした火山が異なり、その火山の違いが石の違いとなっているのである（**コラム１参照**）。『新編相模国風土記稿』に「土産」としてとりあげられた石も、このような溶岩グループの違いによる個性を示したものであり、産出地の名称を冠したそれぞれの石は、まさに箱根火山の恩恵による特産品なのである。

図４● **箱根火山**
瀧廉太郎作曲の「箱根八里」で「箱根の山は天下の険……」と唱われ、正月の大学駅伝ではきつい登り坂のある場所として有名な箱根。約65万年の火山活動の歴史のなかで数多くの火山灰を降らせた活火山なのである。

〈コラム1〉

箱根火山と石材

箱根火山は、構成する溶岩の大半が安山岩である。しかし、安山岩と一口にいっても、岩石の化学組成や含まれる鉱物の種類や量比はさまざまで、まったく同じものはまずないといえる。

その原因は、マグマができるときの温度や圧力条件の違い、マグマのもとになる溶けた岩石の違い、火山の地下にあるマグマだまりでマグマが分離してしまったり、あるいは複数のマグマが混ざって組成変化が起こったりするなど、さまざまである。

近年、箱根火山の形成史は活動の当初に二七〇〇メートルに達する富士山のような巨大な成層火山があったのではなく、複数の中規模の成層火山や単成火山の集合体であったと考えられている。その数は、外輪山（カルデラの外側）で三〇を超え、中央火口丘で二〇弱あると考えられている（**図**）。言い換えれば、五〇以上の溶岩のバリエーションが箱根火山に存在することを意味する。

箱根火山の麓に位置する、神奈川県立生命の星・地球博物館では、箱根火山の溶岩について全岩化学組成と岩石プレパラートの観察結果をまとめたデータベースを構築した。全岩化学分析には二通りの方法がある。一つは岩石を破壊せずに、岩石に直接蛍光X線をあてて、岩石に含まれる元素を調べる方法だ。この場合、測定値は厳密な絶対値にはならないため、含まれる元素の比を対比することで岩石の地球化学的性質を見分ける。遺跡の黒曜石の給源の決定などには有効である。もう一つは、岩石を細粉して、その粉に融剤を混ぜて一二〇〇度で融解させた後に急冷してガラスビードを作成する。このガラスビードを蛍光X線分析装置で測定する。手間はかかるが、含まれる元素の含有量を正確に測定することができる。当館では後者の方法で大量に全岩化学分析をおこない、すでに論文として公表されている分析値をあわせて、一〇〇〇点を超える基礎データを集めた。これらのデータの蓄積から、給源が不明の

箱根火山を構成する溶岩類
箱根火山の地質図を鳥瞰したもの。色の違いが、箱根火山を構成する火山体や溶岩グループの違いを示す。芦ノ湖がある中央のくぼ地がカルデラに相当する。本書に出てくる石材の産地と溶岩グループ名（図中「G.」）も示した。箱根火山以外の地域は白塗りにしてある。

安山岩があったとしても、全岩化学分析と岩石プレパラートの観察から、おおよその給源を推定することを可能とした。

御組長屋遺跡・山角町遺跡出土の石製品・石製未成品の岩石学的検討はまさにその例だ。二〇〇六年に御組長屋遺跡・山角町遺跡出土の石製品の岩石学的な鑑定を頼まれ、大量の石材をみることになった。そして二年後の二〇〇八年に八点の石の全岩化学分析をおこなった。提供された各資料の出土地を伏せて提供を受け、全岩化学分析をおこない、先に紹介したデータベースと照合した。その結果、八点中の五点が後期中央火口丘の溶岩であることが明らかになった。ちなみに、御組長屋遺跡・山角町遺跡出土の石製品であることを知ったのは分析の一年後であった。結果的に、御組長屋遺跡・山角町遺跡出土の石製品の五輪塔や宝篋印塔には、後期中央火口丘の溶岩を選択的に使用していることが地球化学的にも証明されたことになったのである。

では、なぜ後期中央火口丘の溶岩を使用するのか。これはわたしの感覚的な見解だが、箱根の外輪山の溶岩は比較的節理に沿って直線的に割れやすい石材が多いのに対し、後期中央火口丘の溶岩は節理に沿って割れることが少ないイメージがある（後期中央火口丘の溶岩でも割れやすいものはあるが）。

割れ方の違いがなぜ生じるのか。その原因は外輪山と後期中央火口丘の溶岩では化学組成が異なること、噴出時のマグマの温度が異なっていたことなどが考えられるが、厳密にはよくわからない。五輪塔の部位であっても、細かい加工を要する空風輪には後期中央火口丘の溶岩が多く使われ、逆に地輪などでは外輪山の溶岩が使われているケースもみられることから、部位によって溶岩の使い分けをおこなっていたのは間違いないだろう。

過去の石工たちは、経験的に岩相の違いを見分けることで、目的によって使用する溶岩を選択してきたと考えられる。後の世に、過去の石工たちの石材の使い分けが、地球化学的な分析によって裏づけられたことは興味深い。

（山下浩之）

第２章　中世の小田原石切を追う

1　中世の石材加工場の発掘

城下でみつかった大量の石材

一九九四年から九八年にかけて、小田原市西部の南町一丁目で、都市計画道路の敷設にともなう御組長屋《おくみながや》遺跡第Ⅰ〜Ⅳ地点の発掘調査がおこなわれた（図5）。この遺跡は箱根火山を緩やかに下りて小田原城下へと入った天神山丘陵の南斜面と、国道1号（旧東海道）に沿った低地部の一角に位置している。

「御組長屋」という遺跡名は、幕末に先手筒《さきてづつ》、先手弓《さきてゆみ》などの組の者が住む長屋があったことに由来する。小田原城下の遺跡名は、文久年間（一八六一〜一八六四）に描かれた絵図（通称「文久図」）にのっとって命名されているため、このような遺跡名が付されているのである。

この御組長屋遺跡第Ⅰ〜Ⅳ地点は一六世紀から一九世紀の遺跡で、その中心は江戸時代にある。出土した遺物は整理箱で二〇〇箱を超えたが、出土遺物のなかで特徴的であったのは、石塔や石臼などの石製品とともに、出土事例のまれな未成品が多量に出土したことである。

このときの調査では、残念ながら出土未成品の年代は特定できず、かろうじて一六世紀以降の所産と位置づけられただけであった。その後、二〇〇四年に東側隣接地の第Ⅴ地点で発掘調査がおこなわれ、石製品と石製未成品が一一点出土したが、ここでも年代は中世後半から近世のものととらえられたのみであった。

このように御組長屋遺跡の五地点の調査を通じて、御組長屋遺跡周辺に石材加工の痕跡を残す遺跡が展開していることが確認できたが、詳細な年代観は不明のままであった。そして、この状況を抜け出すきっかけとなったのが二〇〇五年におこなわれた山角町《やまかくちょう》遺跡第Ⅳ地点の調査である。

図5 ● 御組長屋遺跡・山角町遺跡の場所
1587年（天正15）以降に、小田原城の総構が構築されたことにより小田原城下の内外に分かれたが、それ以前は西側の大窪（板橋）と一体の地域であった。

みつかった石材の集積場

山角町遺跡第Ⅳ地点は、国道1号をはさんで御組長屋遺跡第Ⅴ地点の南側にあたる。両遺跡の距離はわずか二〇メートル程度で、遺跡名は異なるものの同一の遺跡と評価できる。『新編相模国風土記稿』などによると、山角町は戦国時代から畳職人や屋根職人などの職能民が居住する地域でもあったとされている。

この遺跡からは未成品を含む石製品が一三四点も出土した。なかでも一〇〇号遺構と名づけられた集石遺構からは一〇一点の石製品が出土している（**図6・7**）。遺構の年代は、一六世紀第3四半期のものとみられる堀と自然流路に切られていることから、一六世紀第2四半期には廃絶したと考えられる。これにより一〇〇号遺構は、未成品を含む石製品が出土した遺構としてはじめて時期を特定する手がかりをもつ遺構となった。

さらに、あらためて一緒に出土した陶磁器を再調

図6 ● 山角町遺跡第Ⅳ地点100号遺構
多くの自然石とともに、石製品、未成品が出土している。
なお、中央の四角い部分は重複する近世の地下室の跡。

図7 ● 石製品出土状況
挽臼類や石塔類の未成品が出土している。なかには再加工された大型の水輪（五輪塔の部材）もあり、ここで二次加工がおこなわれていたこともわかった。

査したところ、それらは瀬戸・美濃窯の陶磁器編年でいう後Ⅳ新〜大窯１段階、つまり一五三〇年ごろまでの製品に限られていることが判明した。これにより一〇〇号遺構は一六世紀前葉までに廃絶した小田原北条氏時代の遺構であることが確認できたのである。

同遺構からは石製未成品（図８①）のほか、多くの自然円礫とともに、現代の石工が「コッパ」や「ズリ」などとよんでいる加工の際に出る破材も出土した（②）。また、一部加工した自然円礫や製品を再加工しようとしていたものも出土している（③）。このことから、一〇〇号遺構に近い場所に石製品を加工する石材加工場があり、この場所は石材を集積しておく集積場＝ストックヤードであったと想定することができたのである。

①石臼未成品：供給口などの細部にまで加工がおよんでいないことから、未成品と判断できる。

②加工時に生じた破材：調査時にはかなり多く出土したという。

③再加工を加えた空風輪：大型の空風輪に鑿を入れて二次加工している様子がうかがえる。

図８ ● 出土した未成品・破材・再加工品
100号遺構からは、周辺で石材加工がおこなわれていたことを示す多くの石材が出土した。

2　石材はどこから

石材を分類する

では、このような多量の石製品の原料である石は、どの火山により生成されたものなのであろうか。それを明らかにするため、まずは出土した円礫・破材がどんな石か、肉眼観察での分類を試みた。箱根火山に起因する岩石には堆積岩と火成岩があるが、出土している石材の多くは硬質な火成岩であった。箱根の火成岩の多くは安山岩であり、この安山岩を色合いや含まれる斑晶の違いにより肉眼で大きく八種類に分けてみた（一種類は堆積岩の凝灰岩）。

そして、その分類ごとに、神奈川県立生命の星・地球博物館の山下浩之氏に全岩化学分析を依頼し、どの火山に起因する石であるかを調べてもらった。

石材を分析するには切断し、ガラス板に貼り付けた岩石プレパラートを作成して、偏光板を装備した顕微鏡を使って詳細に観察する必要がある。そのため、化学分析をおこなうためには、サンプルを破壊する必要がある。しかし、通常は出土遺物を破壊するわけにはいかない。山角町遺跡第Ⅳ地点一〇〇号遺構の場合は、破材が多量に出土していたため、これらをサンプルとすることで、石製品や未成品を破壊することなく調べることができたのである。

箱根中央火口丘の安山岩を用いる

その結果、七種類の安山岩のうち五種類が後期中央火口丘の安山岩であることがわかった

（他の一種類は外輪山、一種類は不詳）。中央火口丘の石は、微細な斜長石を包含する大きな輝石斑晶を含む特徴がある（**図9左**）。そのため肉眼でも黒い斑晶（輝石）のなかに白い斑晶（斜長石）がみえる。一方で、外輪山起因との分析結果が出た石には同様の特徴はみられないのである（**図9右**）。

この特徴は肉眼観察でもおおよそ確認できるため、御組長屋遺跡・山角町遺跡合計六地点で出土した石製品の素材・石製未成品三六二点についても肉眼観察を実施したところ、判別可能なものの大半が中央火口丘の石の特徴をもつことが確認できた。

以上のことから、石製品の製作にあたっては中央火口丘の石が意図的に選択されたと考えることができる。そしてこのことは小田原周辺の石塔を実見する作業をくり返した結果からも裏づけられた。中央火口丘は、小田原からはもっとも遠い箱根火山カルデラ内に位置する溶岩グループである。そのような石が大半を占めるというのは予想外の結果であった。

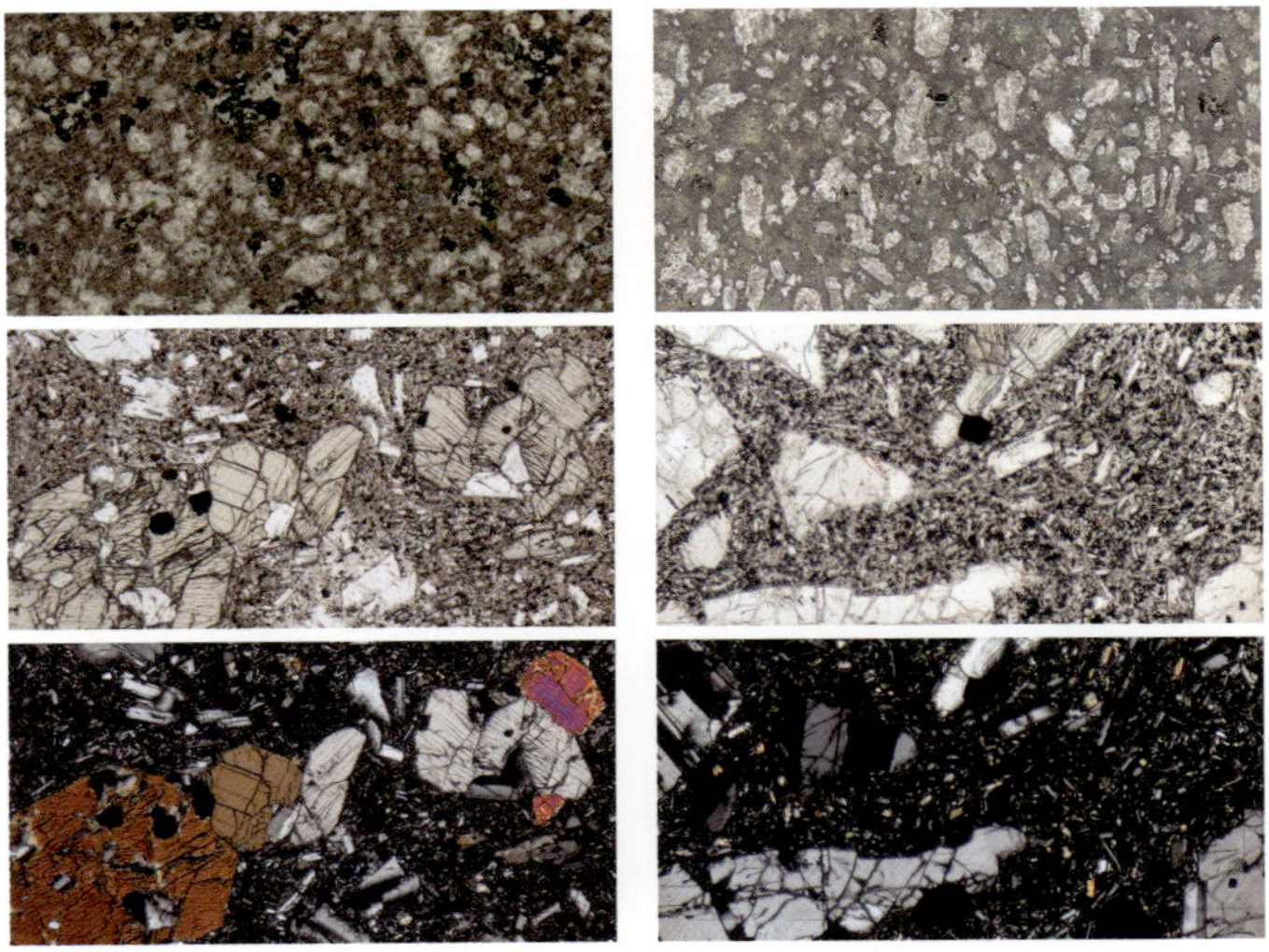

中央火口丘の石　　外輪山の石

図9 ● 顕微鏡による石の観察
顕微鏡により確認できる石材の特徴のなかには、肉眼でも確認できるものもある。上段は接写写真、中段はその偏光顕微鏡写真（開放ポーラー）、下段はその偏光顕微鏡写真（直交ポーラー）。

もちろん、箱根以外の地域から産出する石にも、箱根の中央火口丘と同等の特徴がみられるものがあり、肉眼観察だけでの石材同定には不確かな部分があることは否めない。しかし、今回の調査結果により得られた肉眼観察の成果は、文献史料で確認された「見立（て）」が、現代のわたしたちの肉眼観察においても、現実におこなうことができることを明らかにしたのである。

詳細な確認をおこなうためには、個々の破壊分析が必要であるが、前述のような化学的分析結果をふまえた肉眼観察は、硬質石材の産出地が限定的である関東地方においては有効であり、とくに関東地方南部の石を同定するためにはきわめて応用性の高い「見立（て）」ということができよう。

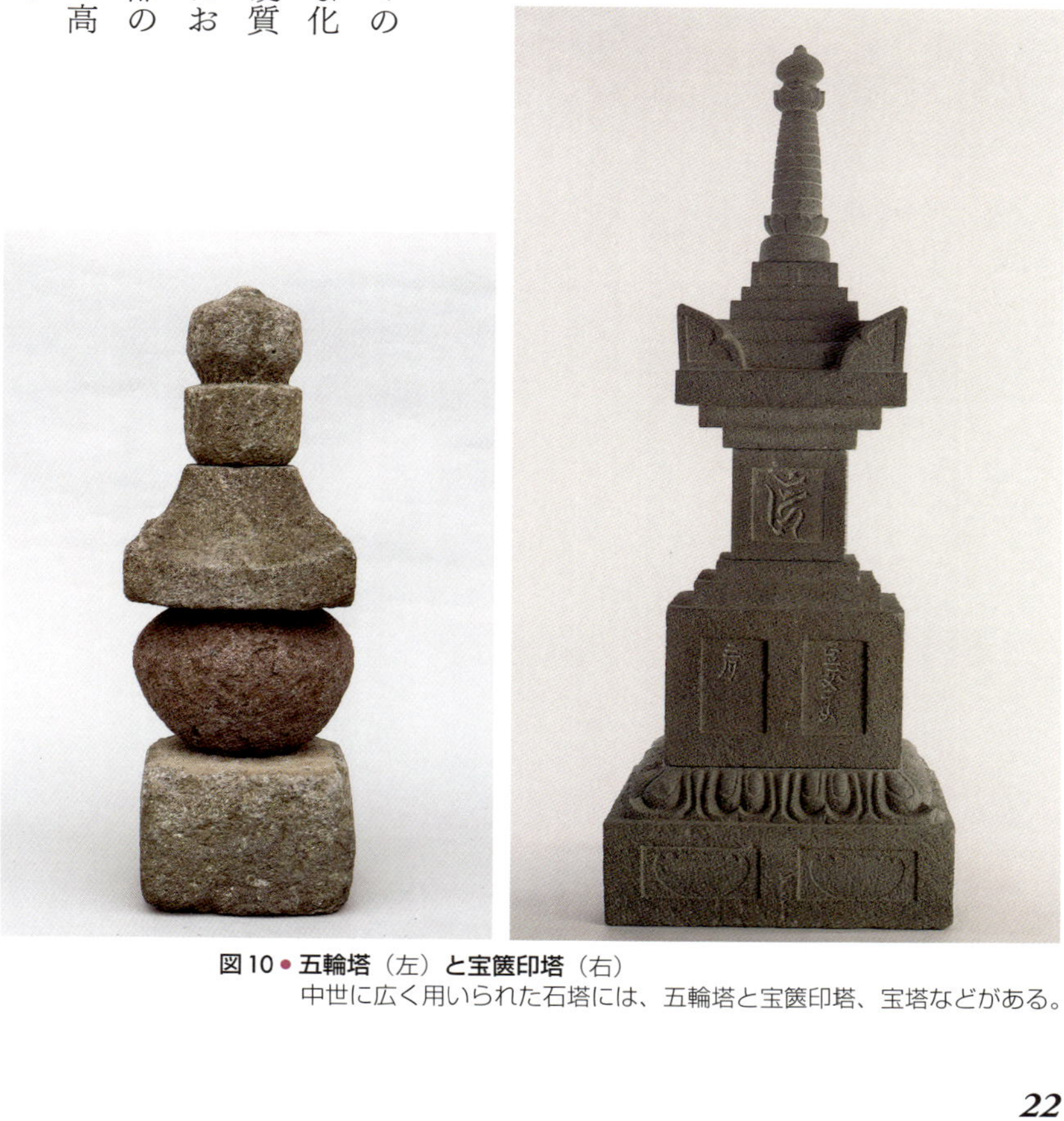

図10● 五輪塔（左）**と宝篋印塔**（右）
中世に広く用いられた石塔には、五輪塔と宝篋印塔、宝塔などがある。

使用したのは河原の転石

つぎに、中央火口丘の石をどこで採取したのかを検討した。その手がかりとなったのは出土した石材の大きさと自然面の有無である。

出土した石材三六二点の大きさはさまざまであった。多くが加工途中に欠損・遺棄された未成品であるため、すべての石材の本来の大きさを把握するこ

表2 ● 出土した石材の大きさ

宝篋印塔	相　輪	長さ 26.5 ～ 33.2 cm
	笠	横 23.5 ～ 26.0 cm
	塔　身	縦横 11.0 cm 前後
	反花座	横 11.5 ～ 31.6 cm
五輪塔	空風輪	長さ 23.1 ～ 24.1cm
	火　輪	横 13.1 ～ 24.1cm
	水　輪	直径 16.7 ～ 30.4 cm
	地　輪	横 20 cm 前後
挽臼類	粉挽臼(上下)	直径 18.2 ～ 42.2 cm
	茶臼上臼	直径 16.3 ～ 19.2 cm
	茶臼下臼	直径 32.0 ～ 38.2cm
石製容器	石製容器	直径 29.8 ～ 44.7cm

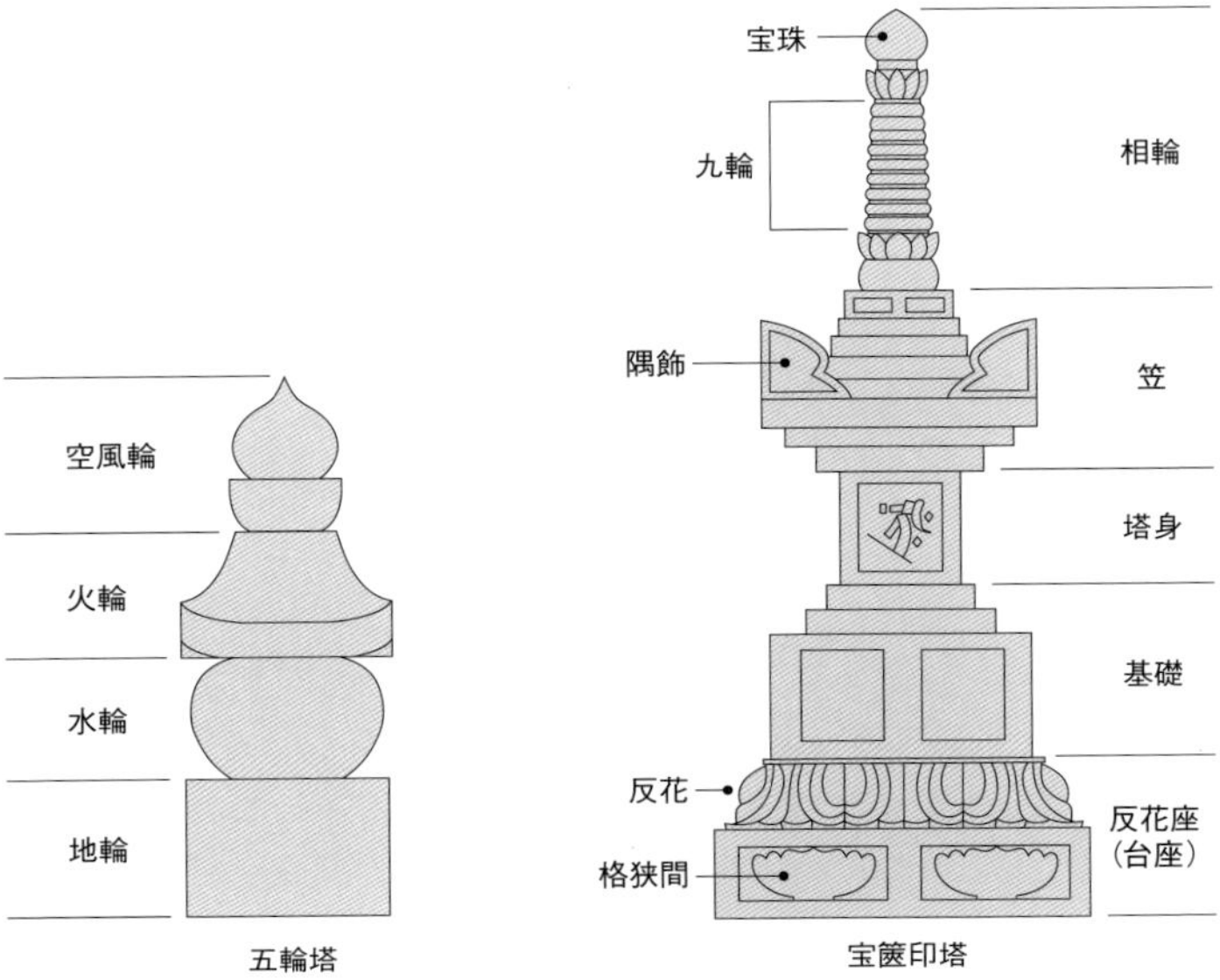

図11 ● 五輪塔・宝篋印塔の各部名称

とは難しい状況である。そのため限定的にはなるが、ある程度大きさを計測することができるものを抽出して計測してみると、**表2**のような数値が得られた。大きなもので石製容器の四四・七センチ、粉挽臼の四二・二センチ、小さなものは一〇センチ強になる。**図12**や**図6・7**にみられるように、遺跡からは未加工の円滑な自然面を有する未成品・円礫も多数出土しており、その大きさをみると、未成品よりも大幅に大きな石は使っていなかったと考えられる。

こうして未成品の大きさと未加工の円礫から推測すると、いずれの原料の石も直径五〇センチ前後のものを入手できれば、作製することが可能と解釈される。そのため、そのような大きさの中央火口丘の石が分布する場所こそ、石製品の原材料の採取地と考えられる。

遺跡にも近く、直径五〇センチ程度の中央火口丘の円礫が確保できる場所はどこか。それは、円滑な自然面をもつ特徴から、中央火口丘の石を麓まで運んでくれる河川が最有力であり、中央火口丘の位置する箱根火山カルデラ内から唯一平野へと流下する早川の河川敷だけが唯一その条件に該当する(**図5参照**)。実際、現在も早川の河川敷では同等の円礫が多く散布している様子を確認することができる(**図13**)。

火輪の未成品

粉挽臼の未成品

図12 ● 転石としての自然面をもつ未成品
加工途中の未成品には、人の手が加わっていない自然面が残る。

3 すばらしい加工技術

何をつくっていたのか

出土した石材三六二点のうち、何の未成品であるか、確認できるものの内訳は以下のとおりである。

五輪塔：七二点（空風輪25、火輪16、水輪27、地輪4）

宝篋印塔：四九点（相輪36、笠3、塔身4、基礎0、反花座6）

挽臼類：一〇六点（粉挽臼51、茶臼33、不明22）

石製容器：二〇点

中世後期の五輪塔および宝篋印塔は、おもに供養塔として用いられた石造物である。これらと挽臼・石製容器などの生活用具が一緒に出土していることから、両者は同じ工房の職人により生産されていたと推測される。

図13 ● 早川河川敷
唯一、芦ノ湖から相模湾へと注ぐ早川は、水とともに多くの石を運んでくる。

出土した石製未成品は、さまざまな状態で遺棄されている。本来、見事に完成した製品ならば、製作者の元を離れて流通し、消費者の手へ引き渡されているはずである。そのため、ここで出土したものは、加工過程で生じた失敗品か加工途中のもの、あるいは素材ということになる。失敗は各過程で生じており、それぞれの段階の失敗品を比較検証することで、製品がどのような手順で加工されていくのかを復元することができる。

そして、石製品の製作は、つくりだす石製品に合わせた形状の石を河原の転石から選び出すことからはじまり、加工が進められていった。基本的には、円礫から加工した円柱状素材あるいはドーム型素材（**図14**）を成形するところから、すべての石製品の生産ははじまっているようである。

五輪塔はどうやってつくったか

出土した五輪塔は、空風輪・火輪・水輪・地輪という四つの部位からなっている（**図10・11**）。一番上の空風輪は、円柱状素材をもとに加工している（**図15①**）。まず、その下の火

円柱状素材

ドーム型素材

図14 ● **円柱状素材とドーム型素材**
100号遺構からも多く出土している円柱状素材とドーム型素材は、多くの石製品の基礎となる未成品である。

輪と連結する凸部を成形し、つぎに空輪と風輪を分ける溝を刻む。円柱を成形する際は、円心に小穴が残る完成品が出土資料だけでなく市内に点在するものにも確認できることから、スミトリあるいはディバイダーとよばれるコンパス状工具を使用して円柱をつくり出したものと思われる。このような経過で加工された小田原産の空風輪は、円柱状素材からつくり出されることから、空輪部と風輪部が同一直径・同一形状になるという特徴がある。

火輪はドーム型素材をもとにしている（図15②）。まず方形に加工し、屋根の反りをだすためにノミを深く入れていく。そして屋根の形状を整え、最後に空風輪との連結孔が彫り込まれる。屋根の反りを出すために大きくノミを入れるため、完成品のなかにもこの際に打ち込んだノミの痕跡が残るものがみられる。なお、この反りは年代が新しくなるにつれて弱まり、軒先は直線的になっていく。

真ん中の球形をした水輪は、火輪同様ドーム型素材をベースに製作される（図15③）。やはりコンパス状の道具を用いて円形をつくりだし、球形に成形していく。水輪の完成品にも円心の小穴を残した資料が多いため、水輪の加工にもコンパス状工具が用いられていることがわかる（図16）。また、梵字を刻んだものも出土しているが、全体としては少ない。このことから梵字を刻むのは整形後の最終過程であると考えられる。

なお、一番下の方形の地輪は出土点数が四点と少なく、四点ともにほぼ完成状態であるため、加工過程を明確にすることはできていない。しかし、資料に残る痕跡から判断すると、火輪・水輪と同様にドーム型部材をベースに立方体を成形していたものと推察される。

①空風輪 ②火輪 ③水輪

図15 ● 五輪塔の製作工程
未成品の状況を詳細に観察することで、加工手順を想定することができる。

宝篋印塔はどうやってつくったか

つぎに宝篋印塔をみてみよう。宝篋印塔は、相輪・笠・塔身・基礎・反花座（台座）という五つの部材からなっている。一番上の相輪は円柱状素材をもとに加工しているが、五輪塔の空風輪とは異なり、円柱状素材に螺旋状にノミを入れて成形を進め、その後、装飾を施している点に特徴がある（**図17**）。笠・塔身・基礎・反花座は、五輪塔の地輪同様に出土点数が少ないため、明確に加工過程を復元することはできていないが、ドーム型素材をベースに、五輪塔各部位と同様、形に応じた過程で加工が進められたと推測される。

なお、宝篋印塔各部位や五輪塔地輪の出土点数が少ないのは、方形

図17 ● 宝篋印塔相輪の製作工程
円柱状素材をベースに加工が進められていくが、空風輪とは異なる。

図16 ● 円心の痕跡
相輪や空風輪の中央には小さな穴があいている。

のものは他の石材として転用されやすかったためであろう。山角町遺跡第Ⅳ地点一〇〇号遺構はストックヤードとしての役割をもっていたため、転用の多少により出土点数の差が生じているものと考えられる。

石臼はどうやってつくったか

出土している石臼類には、おもに麦などをひく粉挽臼型のものと茶葉をひいて粉茶にするための茶臼型のものがある。なお、薬研や搗臼などは出土していない。

粉挽臼は上下臼ともにドーム型素材をもとにし、円盤を作製するような工程で加工が進められる（**図18**）。円心穴が残る資料が多くみられるので、石臼にもコンパス状工具が用いられていることがわかる（**図18⑥**）。円盤状に加工した後、上臼は側面の成形とともに「くぼみ」を彫り込み、挽き木孔を開ける。その後、供給口・芯棒受けを開け、最後に供給口から入れたモノを臼面に広げるための「ものくばり」と放射状の臼目が施される。下臼は、円盤状に加工した後、下面の高台の彫り込みと芯棒孔が彫られ、最後に臼目を施す。

粉挽臼の場合、上臼は供給口を開ける際に、下臼は芯棒孔を開ける際に破損し、遺棄されるケースが多い。供給口・芯棒孔は上下両側から彫り込まれており、資料によっては孔がきれいに貫通せず、ズレが生じているものもある。ちなみに粉挽臼は、加工の途中では上臼の「くぼみ」彫り込み段階の破損品と下臼の高台彫り込み段階の未成品の相違は少なく、上下臼どちらの未成品であるかを判断することは困難である。

上臼（左）と下臼（右）

石臼（製作年代不詳）

図18 ● 石臼の製作工程
粉挽臼の加工は、途中までは上下ともに共通する。

図 19 ● 茶臼の製作工程

茶臼は、茶葉の粉化だけに用いられたとは限らないが、その形態から茶臼型のものを「茶臼」と呼称して扱う。上は葛西城（東京都葛飾区）で出土した完成品で、受皿の外形が欠けている。

茶臼は、上臼と下臼の形状が大きく異なるので、加工過程も異なっている（図19）。上臼は円柱状素材から加工が進められている可能性が高い。コンパス状工具を用いて円形に成形しながら加工を進めており、やはり円心穴が残る未成品が多い。挽き手孔の蓮座を彫り残して円柱を成形し、「くぼみ」が彫り込まれる。その後、挽き手孔、供給口がうがたれ、最後に蓮座を彫刻して、臼目を施す。

下臼は、ドーム型素材から皿形の円盤状に加工し、受皿の外形を成形する。その後、臼面を残して受皿を彫り込んでいくが、円心穴が複数存在するものもあるため、受皿の外形成形時と臼面成形時などの複数回に分けて円形どりがおこなわれていた可能性がある。

なお、茶臼の加工では、上臼は供給口、下臼は芯棒孔を開ける際に破損するケースが多かったようである。

石製片口容器はどうやってつくったか

このほかに石製片口容器の未成品も出土している。石製片口容器は石製の鉢に片口がついた形状で、底面に三脚がついたものもあるが、底部が平らなものもある（図20）。小田原城下では二点しか出土しておらず、小田原市内でも五点、神奈川県内でも出土点数は三〇点に満たないため、用途や機能などは明らかになっていない。灯火具の「ヒデ鉢」と報告されている場合もあるが、内面に平滑な摩耗痕が残る資料が確認されることから、何らかの粉を挽く道具である可能性も考えられる。

石製片口容器は、ドーム型素材から加工している。片口と脚となる部分を彫り残しながら外形の加工が進められる。正円ではなく、円心穴の残る資料も確認できていないため、コンパス状の道具は用いていないと考えられる。その後、内側を放射状に彫り込み、最後に片口の溝を刻む工程となっている。

このような未成品が一緒に出土していることから、信仰と生活に関わる石製品が、小田原北条氏の城下町で同一の職人集団により製作されていたことがわかった。そして、これらの石製品を製作していた石切が、第1章でみた左衛門五郎や善左衛門を棟梁とする石切たちであったことは明らかである。この点については後で検討しよう。

図20 ● 石製片口容器とその加工

上：三足付片口石鉢（平塚市の本郷B遺跡出土）。
下：御組長屋遺跡・山角町遺跡出土の石製片口容器の未成品。出土事例の少ない資料であるが、未成品の出土から、石塔・石臼類とともに小田原で製作されていたことがわかった。

4　大量生産、大量流通の時代

小田原城下および小田原市内の石製品

では、以上のような御組長屋遺跡・山角町遺跡で加工された石塔や挽臼類などは、どこで使用されたのであろうか。

小田原城およびその城下では、これまでに挽臼類は五三点、五輪塔・宝篋印塔の部位は八二点出土している（二〇一三年現在）。また、小田原市内各所の寺院や道端に集められている五輪塔・宝篋印塔の部位は四〇〇〇点を超える（**図21**）。まだ調査の途上であるため、今後も点数は増加するであろうが、現在までのところ、もっとも多い五輪塔部位は水輪で九九八点、宝篋印塔では笠が一八五点である。また、逆に少ない部位は五輪塔では地輪の五〇三点、宝篋印塔では塔身の九四点となっている。

これらの集計結果から、単純にもっとも多い水輪・笠の数で数えれば、小田原市内に分布する五輪塔は九九八基以上、宝篋印塔は一八五基以上存在したことになる。

関東一円へ

神奈川県内に目を広げてみると、鎌倉石（神奈川県逗子市など）・伊奈石（東京都あきる野市）・玄武岩質安山岩（静岡県伊東市など周辺）などを利用した石塔・挽臼類も散見されるが、多くは箱根安山岩を使用していることがわかる。

図21 ● 小田原市内にある五輪塔・宝篋印塔など
無縁塚や道祖神には、多くの石塔部材が集積されている。

さらに関東・東海の紀年銘資料を中心とした石塔の分布調査をおこなった結果、箱根中央火口丘系の石材を用いたと評価できる石塔・挽臼類の北限は、栃木県佐野市の唐沢山城《からさわやまじょう》出土の石臼であり、東は千葉県大網白里市《おおあみしらさと》の道塚やぐら群の石塔、千葉県横芝光町《よこしばひかり》の篠本城《ささもとじょう》出土の石臼であった。また、西で確実なものは、静岡県西部の遠江地域（菊川市など）におよび、南は三宅島（東京都）の三宅島役所跡に宝篋印塔の相輪三点、笠三点、塔身四点、基礎三点、五輪塔空風輪一点、火輪一点、水輪一点が点在している様子が確認できた（**図22**）。

詳細な分布状況については、さらに調査を進める必要があるが、箱根中央火口丘の石材を採取できる地域の特異性、それを加工する技術者の存在などを考えると、それらの多くが小田原城下周辺で加工されたものと考えて間違いないであろう。

また、海浜部のみならず遠く内陸部にまで分布し

図22 ● 三宅島に残された箱根安山岩を使用した宝篋印塔
小田原から約135km南の海上に浮かぶ三宅島にも、箱根中央火口丘の石材を加工した石塔がもたらされている。

ている様子は、海上・河川などの水上交通だけではとらえられない石製品の流通経路の存在を暗示している。

ちなみに関東地方では、中世の石製品として、埼玉県産の青石《あおいし》（緑泥石片岩《りょくでいせきへんがん》）を用いた板碑《いたび》、武蔵型板碑が著名である（**図23**）。しかし、小田原市内では確実な資料は確認できていない。武蔵型板碑は広く関東一円に分布し、その数は二万基を超えるともいわれている。石材の利用と流通の問題は、石材採掘地、加工・生産地とその庇護者の存在、消費者、そしてそれらをつなぐ流通体系など、さまざまな要素を多角的に検証していく必要があろう。

大量生産の時代

小田原でみられたような転石からの石製品の加工は、いわば大量生産を可能とする生産体系の存在を示していよう。一五世紀になると人びとの暮らしは変貌し、戦乱の影響による物流の変化は地方の発展を生み、その結果、市場は合理的な大量生産を必要とする時代に

図23●板碑の立つ風景（埼玉県ときがわ町）
緑泥色片岩を用い、頭部を山形にして二条線と梵字による種子・蓮座などを刻んだ盛期の武蔵型板碑群。慈光寺旧山門跡に立つ板碑群は、山内僧坊に点在していたものが近世後期に集められたものだが、板碑が立つ原風景を彷彿とさせる。

なったとされる。この動きは、石製品においても例外ではなかったのであろう。

中世前期の石塔は大型の特注品であったが、一五世紀になると一〇〇センチ弱の小型の石塔が主流となる。粉挽臼や茶臼などの挽臼類も、このころより顕著に増加する傾向がみられる。この大量生産時代の石製品製作に対応するために選ばれたのが河原の転石の利用であり、先にみた加工手法であった。

河川の転石を石製品の素材として用いている痕跡は、群馬県前橋市の小島田八日市《こじまだようかいち》遺跡でも確認されている。また、岐阜県養老町の柏尾廃寺《かしわおはいじ》跡周辺や大阪府太子町の椋谷《むくだに》石切場遺跡などでは、砂岩の山石から加工したと考えられる小型石塔の未成品が確認されている。これらは中世後期から近世に至る資料と考えられているが、地域・石材の相違により、それぞれの地域で大量生産に対応する手法が選択されていたと考えることができよう。

再利用された石製未成品

なお、集積された石材・未成品は別の用途に使用された。小田原城下の欄干橋町《らんかんばしちょう》遺跡第IX地点からは、宝篋印塔の基礎の未成品が一六世紀後葉の石組水路の部材として使用され（**図24上**）、同様の状況は小田原城三の丸幸田口《こうだぐち》跡第Ⅷ地点でも確認されている。また、史跡小田原城跡御用米曲輪《ごようまいくるわ》では、一六世紀後葉の池の護岸石材として、一二〇〇点を超える石塔部材・石塔未成品を用いていた（**図24下**）。さらには、江戸時代になってからの小田原城の馬屋《うまや》曲輪跡でも、粉挽臼の未成品を石垣の裏込め石として使用していたことが確認されている。

このように石材は廃棄されずに保管され、リサイクルされた。加工場としてだけではなく、失敗品である未成品の保管場所と想定できる山角町遺跡第Ⅳ地点一〇〇号遺構は、小田原城下における石切の活動や石材利用の状況を示してくれている。そして、このような集積場から出荷される石材により、戦国時代の関東の首府、小田原の城と都市は形成されていたのである。

図24 ● 再利用された石製未成品
16世紀の遺構に石製未成品が使われている様子が確認できることから、石材加工がそれ以前からおこなわれていることが裏づけられる。上：16世紀後葉の石組水路に用いられた宝篋印塔基礎の未成品。塔身との連結穴がない。下：小田原城御用米曲輪の池の護岸石材に用いられた石塔部材。未成品や多くの二次加工品が用いられている。

第3章　江戸城築城と小田原の石丁場

1　早川石丁場

早川石丁場群関白沢支群

御組長屋遺跡・山角町遺跡から南西に約二・五キロ。ここに、一五九〇年（天正一八）の小田原合戦の際に豊臣秀吉が「石垣山一夜城」を築いた笠懸山《かさがけやま》がある（図25）。眼下に小田原の町並みと相模湾をみわたすことができ、秀吉がここに城を築いたのもうなづける。この笠懸山の西側斜面に、石垣用の石材を切り出した石丁場の遺跡が広がっている。

この石丁場遺跡は大字早川に位置し、関白沢《かんぱくざわ》（箕ケ窪川《みがくぼがわ》）とよばれる小河川に沿って分布していることから、「早川石丁場群関白沢支群」とよばれている（図26）。ここが石を切り出したところであることは、地元ではむかしから知られていたが、二〇〇〇年に小田原市教育委員会が最初の分布調査をおこない、さらに二〇〇五年度に広域農道敷設工事にともなって、かなが

図25 ● 笠懸山から小田原を望む
標高261.9mの天守台を最高点として立地する石垣山城からは、小田原城と小田原の町を見下ろすことができる。

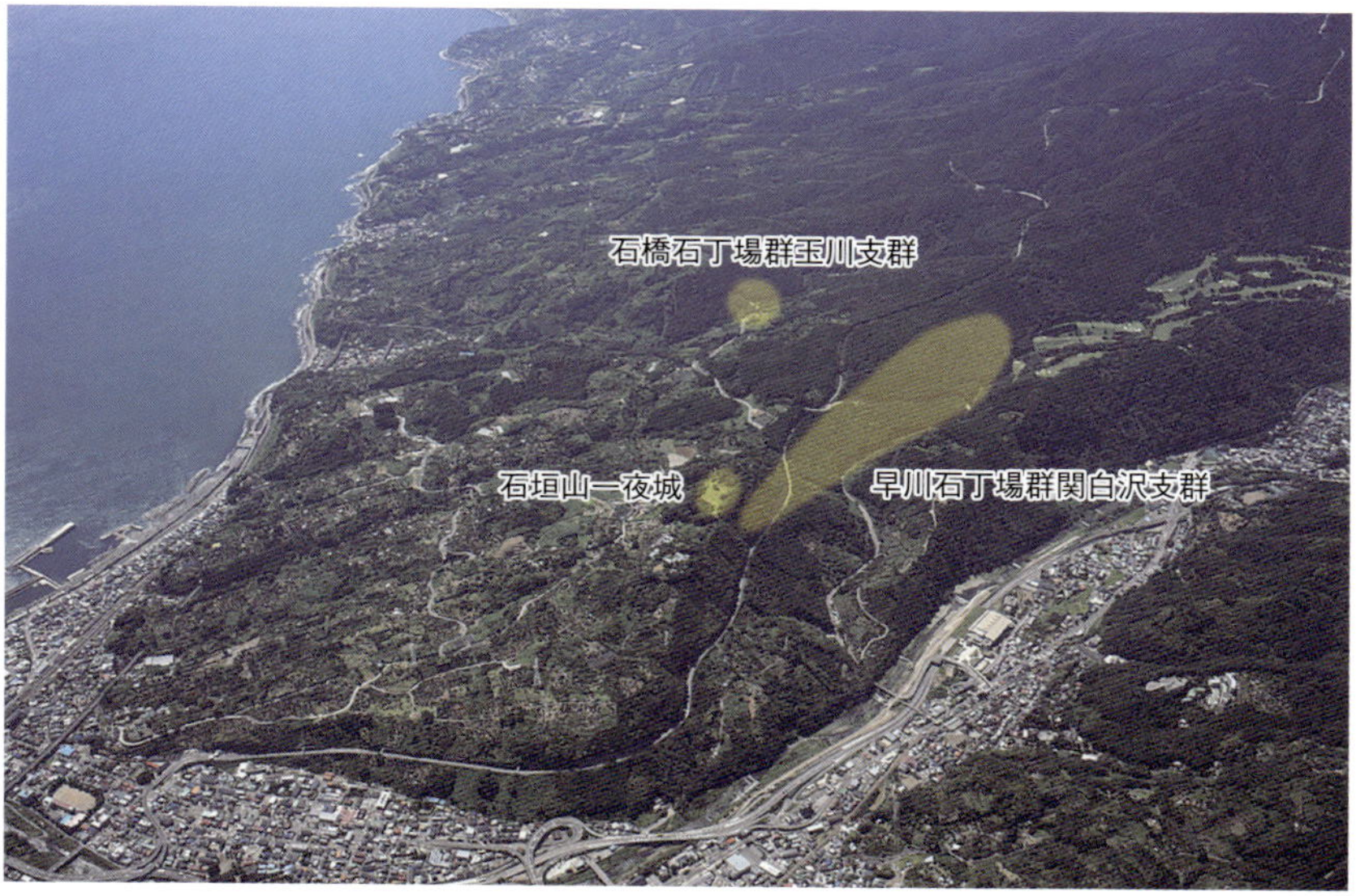

図26 ● 早川石丁場群関白沢支群遠景
石垣山一夜城の西側斜面から南、標高230m前後、標高260〜280mの範囲を中心に多くの露頭岩石が分布している。

わ考古学財団が発掘調査を実施した。これが神奈川県内で最初の石丁場遺跡の発掘調査となった。その後も詳細な分布調査がおこなわれ、二〇一五年度に国指定史跡となっている。

江戸城の築城

小田原市西部から真鶴町・湯河原町をへて、静岡県熱海市・伊東市・東伊豆町などの伊豆半島の海岸部では、多くの石丁場遺跡が確認されている（図27）。熱海市および伊東市でも詳細な分布調査がおこなわれており、おもに江戸城に石垣用石材を供給していた石丁場であることが確認されている。

一六〇三年（慶長八）、江戸開府とともに江戸城の普請工事が開始された。大規模な海岸の埋め立てや神田山の削平がおこなわれ、広大な城域が確保されている。そ

図27 ● 伊豆石丁場遺跡の分布
箱根火山から伊豆半島北部には安山岩を採石する堅石丁場、伊豆半島南部には凝灰岩を採石する軟石丁場が多く分布している。

して翌一六〇四年（慶長九）には石垣用石材を運ぶための石船建造が命ぜられ、同時に多くの大名家が石丁場の確保に努めた。

一六〇六年（慶長一一）には二の丸、三の丸および外堀北側の石垣が構築され、翌一六〇七年（慶長一二）には天守が完成した。その後も修築工事は進められ、一六三六年（寛永一三）の外堀掘削、諸門の枡形《ますがた》・石垣普請工事まで、じつに三〇年以上にわたり江戸城の普請はおこなわれたのである。

林のなかにころがる巨石群

早川石丁場群も、江戸城へ石垣用石材を提供した遺跡である。現在は植林により、針葉樹が立ちならぶ斜面地となっているが、斜面に入る小さな谷ごとに石材の散布が認められる（図28・29）。標高二三〇メートル前後、二六〇〜二八〇メートル付近を中心に露頭となっている安山岩の転石を母岩として石材の切り出しはおこなわれており、第1章で概観した箱根火山の特徴からすると、米神溶岩グループ・根府川溶岩グループに相当する溶岩であることが確認されている。

現在残る母岩は、すでに多くの部分が割り出され、石材が搬出された後のものであるため、当初の大きさを確認することはできないが、今でも縦横の大きさが一〇メートルを超える巨石が山中に点在している。なかには一一九個の「矢穴《やあな》」が刻まれた石も残存し（図30）、活気あふれる当時の採石の状況をしのばせている。

図28 ● 早川石丁場群関白沢支群の現況
山内には立方体に加工された石垣用石材が多く残されている。

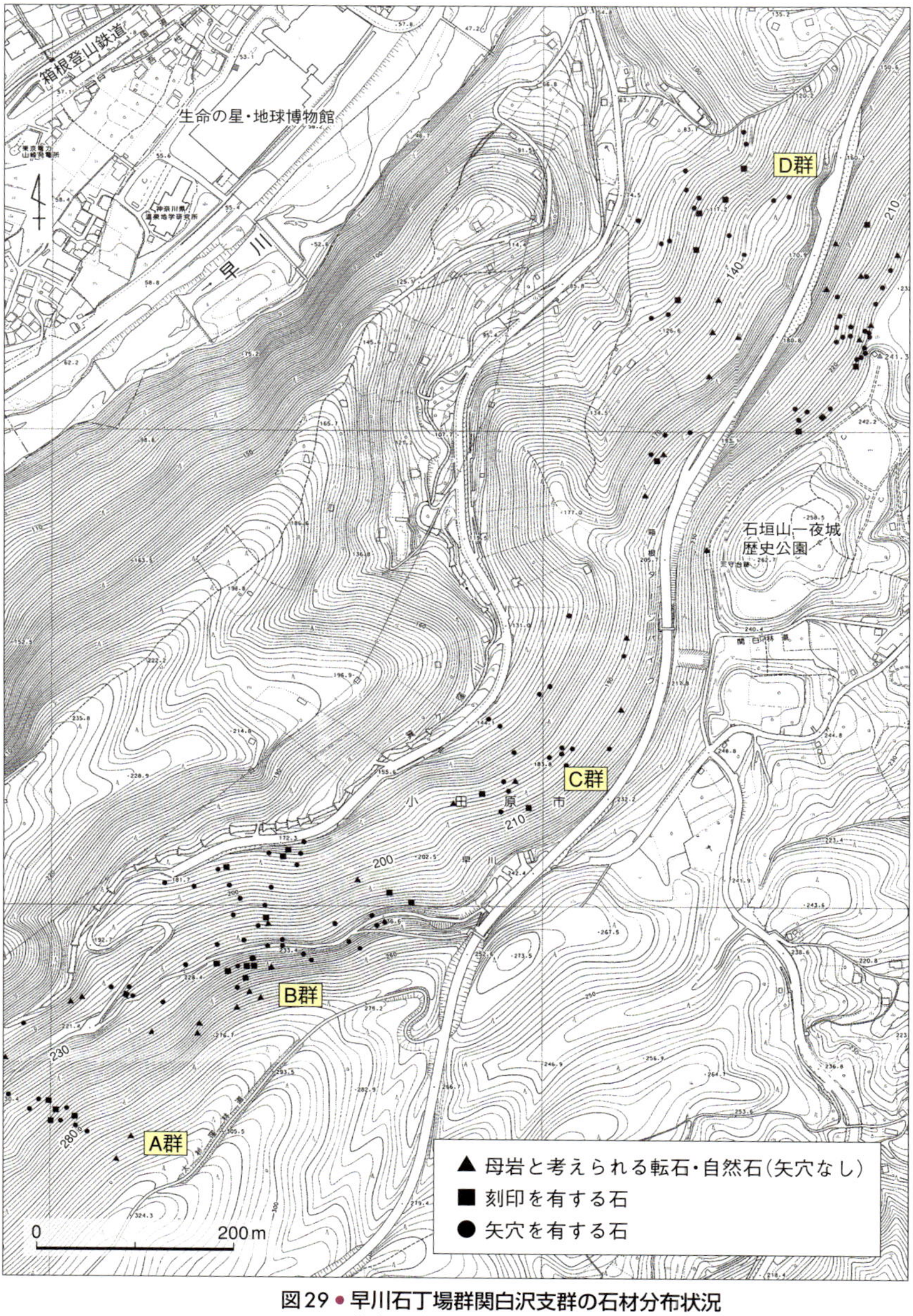

図29 ● 早川石丁場群関白沢支群の石材分布状況

分布調査の結果、石材は採石過程を示すように、いくつかのグループに分かれて分布している様子が確認されている。

早川石丁場群関白沢支群の発掘調査は、道路敷設工事にともなっておこなわれたものであり、二七区に分けて調査が実施され、合計七八四点の石材が確認されている。

2　切り出し作業の復元

切り出す石の大きさは

現在、山中で確認できる石は、切り出されはしたが搬出されずに残った石材である。その様子をみると、比較的大きなサイズで石を切り出そうとしていた点に気がつく（**図31**）。

その大きさは、小口で約九〇〜一二〇センチ四方のものと約一三五センチ四方のものが多く、奥行きは二四〇〜二七〇センチ前後のものが中心となっている。このことから、目的とする石材の小口短辺の平均は八九・四六センチ、長辺の平均は一一五センチで、奥行

図30 ● 山中に残る巨石
巨大な露頭の母岩石材に多くの矢穴をうがち、規格の定められた石材が採石されている。

図31 ● 早川石丁場群関白沢支群の調査時の様子
露頭の母岩石材から割り出された石は、規格が整えられ、検品のために集石されている。

きは二六八・七センチであることが確認できる。この大きさで石垣用の石材の切り出しが開始された。

　このような大きさの石は、小田原城の石垣用石材の規模とは明らかに異なっており、江戸城の石垣、しかも角石《すみいし》あるいは隅脇石《すみわきいし》に用いることを目的に採掘がおこなわれていたことを示している。

矢穴からわかること

　石を切り出すには、「矢」とよばれる鉄製あるいは木製の楔状の工具が用いられ（**図32**）、それを打ち込むための穴＝「矢穴」をノミでうがち、矢穴に矢を入れ、矢の横腹で石を引き裂くようにして割っていく。そのため石丁場での石材採取は、切るというよりも、裂く、割りとると表現するほうが適切かもしれない。

　早川石丁場群関白沢支群の矢穴は、短辺が三

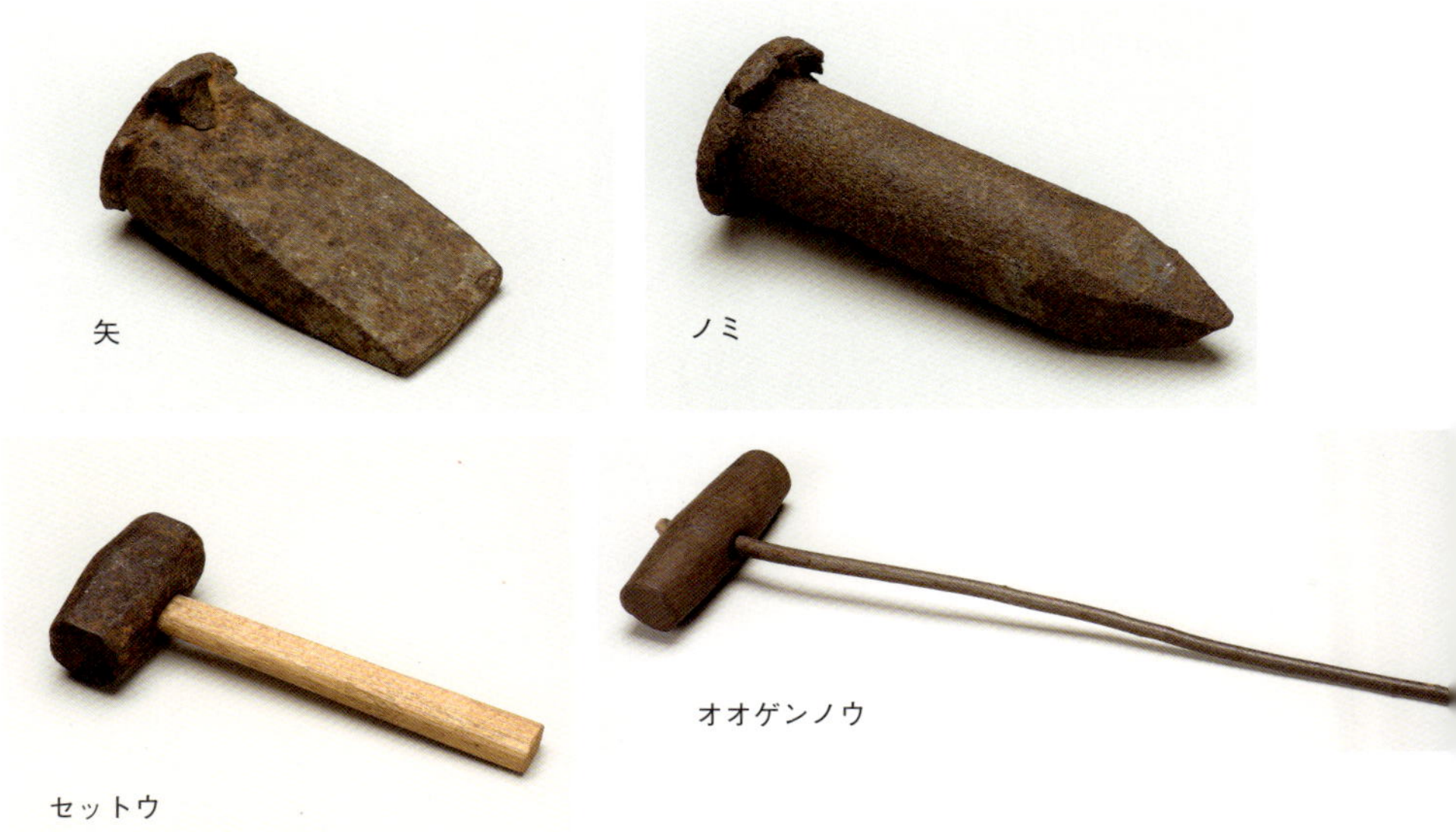

図32 ● 石切の道具
当時の石工道具は、全国的にみてもほとんど残っていない。しかし、コラム２の「石切図屏風」に描かれた作業風景をみると（70頁）、民俗資料として伝わるこれらと同等の道具が用いられていたと考えられる。

～六センチ、長辺が六・五～一一・〇センチの長方形で、深さは四～一三センチ程度の逆台形を呈している。裂き割るために、矢穴は底部よりも側面あるいは口の部分の成形に重点がおかれ、側面をていねいに加工する必要がある。そのようななかで、早川石丁場群に残る矢穴は、一つの石材を割りとるためには数が多く、かつ大きさ・間隔・並びが一律ではないという点が特徴的である（**図33**）。矢穴と矢穴の間隔は一・四～二〇・〇センチで、平均すると三センチ前後で

図33 ● 残る矢穴
多くの矢穴が直線的にあけられているが、石の目とは関係がなく、しかも真っ直ぐに彫れていない。素人が、石の目よりも規格を重視して矢穴を彫っていたことがわかる。

びっしりうがたれている。

現代の石工によると、石を割るためには、矢穴の大きさよりも数や位置が重要であるという。その点を考慮すると、早川石丁場群の矢穴は間隔が密でありつつも、直線的に並んでいないことから、専門の石工の作業とは考えられないとのことである。

城郭用に石垣を切り出すときは、数千人規模で人足を動員するケースが多い。毛利家では、江戸城普請にともなう石材確保のため、伊豆に三〇〇人の足軽を動員している。また、大坂城の普請では、黒田家が山出しに三五〇人、一八二〇人、一二〇〇人の日用（日雇い）を動員した記録が残っている。また、細川家の文書には、人員不足のため、京都に待機させていた三〇〇人の鉄砲足軽に石を割らせる準備をさせているという記録もある。

このように大規模な普請では、各大名家が正規の石工を確保しきれず、日雇いや鉄砲足軽などの素人を大量動員して石材の大量発注に対応したのである。

しかし、ほんとうに素人に石垣用石材の採掘が可能なのであろうか。

このような素人の動員を可能としたものの一つに、切り出す石材の規格化があげられる。黒田長政は、一六〇六年（慶長一一）の江戸城普請に際して、石垣の角にあたる角石は七、八尺で幅・厚さ三尺に、角石に次ぐ隅脇石は五、六尺で、幅・厚さ三尺とするが、幅は二尺五寸でも良いというように、詳細に寸法を記して発注し、寸足らずの石は「はね置」いて船積みしていない。細川家の場合には、割りとった八〇九石のなかで一〇〇石もが不採用になるほど正確に検品していた。規格性の高い石材を確保するために、歩留まりが高くてもよしとしたことが素人の動員を可能にしていたのである。

そして、このような規格化された石材の切り出しが、直線的で緻密な「切り込みハギ」とよばれる近世城郭の美しい石垣の姿をつくりあげたのである（図34）。石垣構築技術の向上と石丁場における石材の切り出しは切っても切れない密接な関係にあったといえよう。

石曳き道と刻印

さて、石材を切り出したら、つぎは搬出である。早川石丁場群関白沢支群では、「石曳き道」と考えられる道路状遺構がみつかっている（図36）。

途中削平されて失われた部分もあるが、約六六メートルの長さが確認され、そのうち五二・四六メートルを調査している。ボブスレーのコースを思わせるようなハーフパイプの形状をしており、掘り込み幅は三・五四〜

図34 ● 切り込みハギによる江戸城の石垣
規格的に切り出された石材は、江戸まで運ばれた。石材は現場合わせで微調整が施され、石材同士を密着させた「切り込みハギ」という手法で積み上げられた。

四・四六メートル、深さは〇・九二～四・四六メートルである。底面には、轍《わだち》の痕跡と思われる凹みが〇・六七～〇・八九メートルの幅で二条確認されている。「マタグルマ」「フタツ

図35 • マタグルマ
北木島（岡山県笠岡市）で近年まで使われていたもの。コラム2の「石切図屏風」では、牛に曳かせている様子が描かれている（73頁）。

図36 • 石曳き道
石の重さで「マタグルマ」が道筋からそれないように、ハーフパイプの形状につくられている。

ハマ」などとよばれる車輪つきの木製の台車を用いて石材を降ろしていたものと推察される（図35）。

石曳き道は蛇行しながら関白沢へむかって傾斜しており、石材は関白沢から早川の流路に沿った谷筋をへて相模湾へと運ばれ、江戸へと搬出されていたと考えられる。

また、石丁場遺跡では、よく石に刻まれたマーク＝刻印を確認することができる。早川石丁場群で切り出された石材にも、刻印を施したものが散見される（図37）。刻印は、石材確保時や石材を加工する際に刻まれるもので、そのほかに石丁場の管理者や範囲などを具体的に文字で記した刻書というものもある。刻印には、大名家の家紋やそれを簡略にした記号などが用いられ、それぞれの大名家や

図37 ● 早川石丁場群関白沢支群で確認された刻印の一部
石材の小口面に刻まれている場合が多く、早川石丁場群関白沢支群の場合は、数字あるいは「十」「⊕」などが刻まれている。

作業単位ごとに異なる印が用いられていたと考えられている。

近接する静岡県熱海市などでは、多種多様な刻印が確認されているとともに、「羽柴右近」「浅野紀伊守内／左衛門佐」や「此石ヨリ南西／京極丹後守石場」「是ヨリにし／有馬玄蕃／石場／慶長十六年／七月廿一日」などと刻まれた刻書がある（**図38**）。しかし、早川石丁場群関白沢支群では、このような刻書に該当するものは確認されていない。一文字のみのものがほとんどで、唯一「此左□」と三文字記されたものがあるが、三文字目は書き欠けの文

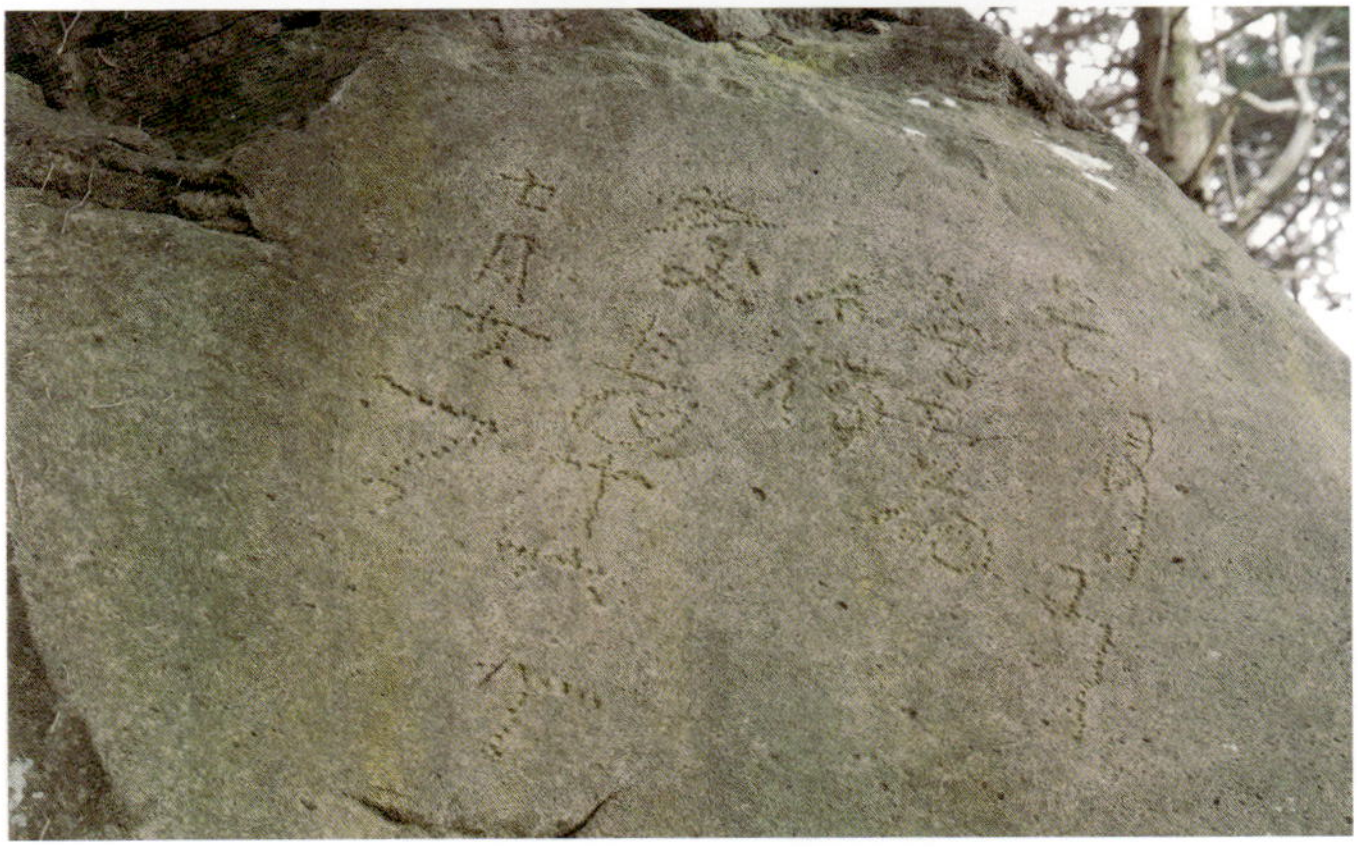

図38 ● 熱海市域の石丁場遺跡でみつかった刻書
上：「羽柴右近」は、津山城主であった森忠政に比定されており、1605・1606年（慶長10・11）の採石の痕跡とされる。
下：「有馬玄蕃」は、福知山城主有馬豊氏のことで、「慶長十六年」と刻まれていることから、1611年（慶長16）の採石の痕跡であることがわかる。

字と評価されており、明確な意味合いを推察することはできていない。

　早川石丁場群で確認されている刻印はいまのところ七種類。これらの刻印からは、他の石丁場ではみられない搬出の過程を垣間見ることもできている。

　石曳き道の上、標高二六〇メートル付近では、母岩と考えられる露頭転石の小口に、「十」の刻印を付した石材が点在している。そこから一二メートル程度下った標高二四八メートル付近を境に、「十」のほかに「⧄」の刻印が付された一群に変化する（図39）。さらに下ると、刻印は消し去られている可能性があり、関白沢河川改修工事の際に出土した成形の進んだ石材には刻印は確認できない。

　つまり、石曳き道をへて関白沢まで降る過程で石材の加工は進み、その経過により刻印が変遷している様子がみられるのである。このように早川石丁場群においては、刻印は作業工程を

図39 ● 搬出の過程を示す刻印
上の写真のように、石材には最初に「十」の刻印が刻まれる。そして、加工が進むと「十⧄」となり「⧄」の刻印が増える。

示す検品用の印として用いられていた可能性が高いと考えられる。

全国各地に残る石丁場にも石曳き道はあったであろうが、現在の道路と重なっている場合などが多く、遺構として確認できない場合や伝承地名などとしてのみ残っているケースがほとんどである。後世に林業などのために利用されていたという可能性も視野に入れる必要があるが、早川石丁場群関白沢支群では、大きな改変を受けずに石曳き道が継承されていたため、このように遺構として確認することができたと考えられる。

3　江戸城のどこに使われたのか

「伊豆石場之覚」にみる早川石丁場

早川石丁場群の石材が江戸城で使用されたことはすでにふれたが、では、どの普請のときに、どの大名家が担当し、江戸城のどこに使用されたのだろうか。

残念ながら早川石丁場群に関する具体的な文献史料は残されていないので、はっきりしたことはわからない。しかし、細川家が一六三四年（寛永一一）に、相模・伊豆七四カ所の石丁場の石の量や質、積み出し港の善し悪しなどについて調査した文書『伊豆《いず》石場《いしば》之《の》覚《おぼえ》』に、「早川新丁場」という名称の丁場が記載されている。一六三六年（寛永一三）の江戸城の外堀の掘削と石垣化という大規模で多量の石材が必要となる普請がはじまる二年前のことである。

『伊豆石場之覚』では、「早川新丁場」は最初に登場している。続いて記載された石丁場が、早川の南に位置する「大ケ窪」「石橋」であり、その後に続く地名も合わせて考えると、『伊豆石場之覚』は「早川新丁場」を最初に、北から南へと順番に丁場を記載していることがわかる。そして「早川新丁場」の項には「巳ノ年三大納言様御丁場」と記されている。この時期の三大納言とは尾張徳川義直《よしなお》、紀伊徳川頼宣《よりのぶ》、駿府徳川忠長《ただなが》のことであり、「早川新丁場」が徳川御三家の丁場として認識されていたことがわかる。

これまでに字早川（旧早川村）内では、小規模な石丁場や矢穴が開けられた石材の分布を数カ所で確認しているが、御三家級の大名が採掘したような大規模な石丁場の痕跡は確認できていない。採掘された石材の規格が大きく、角石・隅脇石を集中して採掘していたという点を含めても、早川石丁場群が「早川新丁場」に該当する可能性は高いといえる。

また、『伊豆石場之覚』には、石材を切り出した時期として「巳ノ年」と「先年」という表記が散見される。これらがいずれの年に該当するかが問題となるが、記載された人物の役職期間などの検討から、「先年」とは、一六〇四年（慶長九）以降の慶長年間（〜一六一五年）の普請に該当するとされ、「巳ノ年」とは一六二九年（寛永六）をさす可能性が高いと考えられている。

早川石丁場が「早川新丁場」に該当するとすれば、この丁場には「巳ノ年」の前例しか記されておらず、また「新」の記載から、その創業開始年代は一六二九年からそれほどさかのぼらない時期と評価することができよう。

一六二九年は、江戸城の普請の最中で、おもに西之丸大手門・玄関前門・山里門・紅葉山東照宮下の門や月見櫓台《つきみやぐらだい》（伏見櫓）・平川門枡形といった内郭の諸門が整備された時期である。外郭では日比谷門から数寄屋橋門・鍛冶橋門・呉服橋門・大橋（常盤橋門）・神田橋門・一ツ橋門・雉子橋《きじばし》門の各枡形ならびに平石垣がこのときに築かれている（**図40**）。いずれも江戸城の主要箇所であり、早川石丁場で採掘された石材がこれらの場所で用いられた可能性は十分に考えられるであろう。

石橋石丁場群玉川支群

早川石丁場群のすぐ南に位置する、石橋石丁場群の玉川支群でも発掘調査がおこなわれている。ここでは二〇点の石材が出土している。

図40 ● 寛永年間の江戸城普請箇所
1629年（寛永6）の修築箇所は、石垣総延長1,750間、坪数ではおよそ44,533坪2合8勺にもおよぶという（堀では図中の黄色い枠の箇所）。

ここで確認されている「矢穴」の大きさは、短辺が三・五～五・五センチ、長辺は六・〇～一一・三センチで、奥行きは二・三～一一・五センチ、「矢穴」の間隔は一・五～二〇・〇センチで、平均すると三～五センチのものが主体となっている。残る石材の寸法から、小口が三尺（約九〇センチ）前後、奥行き八尺（約二四二センチ）前後の石材を切り出すことを目的としていたと考えられるが、最大のものでは小口が六尺五寸（約一九六センチ）前後、奥行きが二間（約三七〇センチ）となっている。早川石丁場で切り出された石材の規模とくらべて小口面の大きさに大差はないが、奥行きの規模に違いがみられる点が特徴的である。

また、一七個の石に「十」の刻印が確認されている。自然面や切りはじめに近い石に「十」の刻印が付されるという点は早川石丁場群の特徴と一致しており、興味深い。

なお、字石橋の地には「矢ノ根石」とよばれる石

図41 ● 石橋の「矢ノ根石」
『新編相模国風土記稿』には、「（佐奈田）義忠射込し雁股の鏃後と伝へ、石面に二穴あり」と記されており、「矢ノ根石」とよばれている。

がある。この石には、一一八〇年（治承四）に源頼朝と大庭景親《かげちか》ら平家方が戦った石橋山合戦の際に、佐奈田与一《さなだよいち》（義忠《よしただ》）が射貫いた痕跡と伝わる穴がある。しかし、別に京極家の家紋である「四目結《よつめゆい》」の刻印が付されており（図41）、同様の刻印は『伊豆石場之覚』で京極家の石丁場とされる熱海市稲村の礼拝堂石丁場などでも確認されている。このことから、史料上確認はできないが、字石橋の丁場は京極家により管理されていた時期が存在する可能性がある。

　このように、相模国西部の海岸線には、江戸城築城・修築用の石材を産出した石丁場が数多く点在しており、ここから海を渡って多くの石材が江戸へと運ばれていったのである。

採石の中心は伊豆国

　ところで、早川石丁場群や石橋石丁場群、このほか『伊豆石場之覚』に記された「米神」「根府川」「江之浦」などの現在の小田原市域、「久津見」「岩」「白磯」「真名鶴」「しとゞ笠嶋」「円山」「川ふり」「新井」「黒崎」などの現在の真鶴町・湯河原町域は、江戸時代は小田原藩領であった。

　そして湯河原町の南を流れる千歳川を渡ると静岡県熱海市となり、江戸時代にもこの川が相模国と伊豆国の国境線となっていた。北側の小田原藩領に対し、千歳川以南は伊豆山神社領・徳川幕府天領（直轄領）となり、現在の県境が当時の藩境でもあった。このことを踏まえると、石丁場の運営や採石については、当時の藩政の相違も考慮する必要があろう。

　前述のように江戸城の公儀普請は、一六〇四年（慶長九）に発せられ、一六〇六年（慶長一二）には具体的な工事が始まったとされる。寛永年間に成立した史書『当代記』によると、一六〇六年には三〇〇〇艘の舟が月に二度、一〇〇人持ちの石を二個、江戸へと搬出したとの記述があり、単純に計算して月に一万二〇〇〇個、一年ではおよそ一五万個もの石材が江戸に運ばれていたことになる。

そうした経緯のなかで、小田原藩領で最初に江戸城普請にともなう採石の記述があらわれるのは、一六一四年（慶長一九）のことである。

普請を命じられた日向国飫肥城《おびじょう》主伊東祐慶《すけのり》が、「同前年豆州多賀・真名鶴・伊東より御用石運送仕候」（『御手伝覚書』）と、伊豆の石とともに真鶴の石を切り出している。また、佐賀藩の藩祖鍋島直茂《なおしげ》の生涯を記録した『鍋島勝茂《かつしげ》譜考補』にも、同年「前年豆州多賀・真名鶴・伊東より運送ス」とあり、一六一四年段階で伊豆国内とともに相模国真鶴においても採石をおこなっていたことがわかる。

しかし、『山内家文書』『細川家文書』をみても、この時期の石材採掘の中心は、網代・宇佐美・伊東・稲取などの伊豆国内であり、相模国内は採掘の中心ではなかったことがわかる。

なぜ、相模国内での採石は進められなかったのであろうか。そこには幕府と小田原藩の関係が大きく影響していたと考えられる。

小田原の藩主交代と採石

小田原は、一五九〇年（天正一八）の小田原合戦で小田原北条氏が滅びた後、大久保氏領を

表３● 小田原藩政と採石

城主・城代		西暦	年号	おもな事象
北条氏	北条氏政 北条氏直	1568年	永禄11	９月５日「土肥御屋敷うしろの山石……」湯河原から真鶴にかけての石材調達命令
				10月16日に７人増員
				【田中（青木）善左衛門は岩に在住していたが、小田原城下御組長屋へ移転】
大久保氏	大久保忠世	1590年	天正18	大久保忠世、小田原入封
		1594年	文禄３	大久保忠世死去
	大久保忠隣	1604年	慶長９	江戸城普請開始（造船命令）
		1606年	慶長11	江戸城修築（本丸石垣・天守台・富士見櫓台・虎門石垣・外郭石垣）
		1607年	慶長12	江戸城修築（天守台等の前年の未了部分、外郭石垣）
		1611年	慶長16	江戸城修築（西ノ丸石垣・堀割）これまで相模での明確な採石はなし
		1614年	慶長19	１月、大久保忠隣改易
番城時代	幕府代官 中川勘助	1614年	慶長19	江戸城修築（本丸石垣・二ノ丸石垣・外郭石垣）、大坂冬の陣で休止
				飫肥城主伊東祐慶「豆州多賀・真名鶴・伊東より御用石運送仕候」『御手伝覚書』
				佐賀城主鍋島勝茂「豆州多賀・真名鶴・伊東ヨリ運送ス」『鍋島勝茂譜考補』
	近藤秀用 （青柳藩主）			この頃、土佐山内家『山内文書』に「大ヶ窪」「岩谷」丁場の記載
		1618年	元和４	江戸城普請再開（西ノ丸堀割）、阿部正次が指揮
阿部氏	阿部正次	1619年	元和５	阿部正次、小田原入封
		1620年	元和６	江戸城修築（慶長19年の未了部分）、阿部（四郎五郎）正之が奉行
		1622年	元和８	江戸城修築（天守台）、阿部正之が奉行、小田原石切を派遣
		1623年	元和９	阿部正次転封
番城時代	守屋行広 八木重朋	1624年	寛永元	江戸城修築（西ノ丸御殿）、稲葉正勝が担当
		1625年	寛永２	阿部正之小田原城普請のため巡察
		1626年	寛永３	阿部正之小田原城普請のため巡察
		1629年	寛永６	江戸城修築（二ノ丸諸門・外郭諸門・外郭石垣）、阿部四郎五郎正之が奉行
				徳川四家（尾張・紀伊・駿河・水戸）・北条氏重が採石運搬、稲葉正勝は築方に参加
稲葉氏	稲葉正勝	1632年	寛永９	稲葉正勝、小田原入封
		1633年	寛永10	小田原城改修（公儀普請、～承応３年（1654）まで）
		1634年	寛永11	稲葉正勝死去、稲葉正則襲封
	稲葉正則	1635年	寛永12	江戸城修築（二ノ丸）、稲葉正則助役
				この頃、黒田家が小松山（真鶴）に丁場を口開け（口開丁場）
		1636年	寛永13	江戸城修築（総構）　【これ以降、大規模な石材搬出はなし】

へて幕府城代が置かれた時代（第一次番城《ばんじょう》時代）、続いて阿部正次が城主となるが、阿部正次が武蔵国岩槻（埼玉県さいたま市）に転封となると、稲葉正勝が城主となる一六三二年（寛永九）までの間は再び幕府城代が管理する番城時代となっている（第二次番城時代）（表3）。

最初の江戸城普請の段階である慶長年間には、相模国内の小田原・真鶴・湯河原などは大久保氏領であった。小田原周辺では伊豆半島でみられるような明確な慶長期の石丁場が確認できないのはそのためであり、各大名家が丁場を確保し、石を切り出すには、小田原藩領よりも幕府直轄地である伊豆国内が適していたということであろう。そして、一六一四年（慶長一九）一月に大久保氏が改易となり、小田原藩領の多くが幕府天領となった段階で、先にみたように伊東家・鍋島家の石材採掘の記録が出現するようになる。

しかし、これ以降も主要な相模国内の石材産出地である根府川村・岩村・福浦村などは、小田原城代となった上野国青柳藩主近藤秀用《ひでもち》（群馬県館林市）の管轄となったため、石丁場は広がらなかったと考えられる。

その後、一六一八年（元和四）に再開された江戸城普請の指揮をとる阿部正次が、翌一六一九年に小田原に入封すると、小田原の石工が江戸城普請に動員され、これ以降、西相模における石垣用石材の採掘は最盛期を迎える。

この阿部正次も一六二三年（元和九）には岩槻に転封となるが、その後の第二次番城時代には、根府川村・岩村・福浦村なども城代の管轄ではなく幕府代官支配に変更されており、多くの石材が江戸へと搬出されている。

このように、小田原で石材採掘がおこなわれるのは大久保氏改易以降であり、阿部正次をへて幕府の意向を反映させられる素地ができて、はじめて盛期を迎えたのである。そして一六二九年（寛永六）には『伊豆石場之覚』に「巳ノ年」の普請と記された大普請があり、多くの大名家が西相模でも丁場を運営したのである。

小田原が良質の石を産出する地域であると知られていながらも、当初石材の採掘が進められなかったのは小田原の支配体制が大きく関わっていたと考えることができよう。

4　大御所隠居城計画と石丁場

まぼろしの徳川秀忠隠居城計画

西相模で石材採掘が盛期を迎える第二次番城時代、小田原ではもう一つ大きな出来事があった。それは、小田原城を二代将軍徳川秀忠の隠居城に用いるとの計画が浮上していたことである。

実際に一六二五、二六年（寛永二、三）には、石垣奉行として旗本先手頭の阿部四郎五郎正之が小田原城築城のための巡検を実施している。阿部正之は江戸城天守台などの普請奉行をつとめた石垣普請の専門家であり、阿部正之の小田原派遣は、徳川秀忠隠居城計画が具体的に動き出していたことを示している。

そして、このときに実際に石が切り出された様子が、一六六二年（寛文二）の「塚原村（南足柄市塚原）明細帳」に記載されている。「塚原村明細帳」によると、このとき村内四カ所で採掘がおこなわれ、「子ノ年（寛永元年）、小田原御城普請御座候由ニテ、松平石見守・同右京様・同宮内様・京極丹後守様・賀藤肥後守様・池田備中守様・古田兵部様、御石場ニ御請け取り石御割り捨て成され候、即御判斬り付け候石沢山御座候」とある。塚原村には石丁場が設けられ、石の切り出しもおこなわれたが、計画は途中で中止となり、この時に切り出された石が残っているとの記述であるが、これは具体的な石丁場の稼働を示す記録といえる。

その後の小田原藩の役割

徳川秀忠の隠居城計画は、一六三二年（寛永九）に秀忠の死去により頓挫することになる。隠居城計画は白紙となり、代わって三代将軍家光の乳母、春日局の実子である稲葉正勝が小田原城主となる。正勝も一六二四年（寛永元）・二九年（寛永六）の江戸城修築工事に参画した経歴を携えての小田原入城であった。

正勝は一六三四年（寛永一一）に死去するが、その跡を継いだ息子、稲葉正則は、石材産出地を藩領内に抱える小田原藩主としての特性から、「石垣御用」との普請役を負担している。

その後、小田原領内では稲葉氏の時代だけをみても、一六五一年（慶安四）に寛永寺御仏殿造立のための石材御用、一六五五年（明暦元）には禁中御用として根府川石一〇〇枚、同二年には江戸城本丸奥方普請用石材、一六六六年（寛文六）には紅葉山御仏殿廻りの石垣石材、一六八一年（天和元）には寛永寺家綱御仏殿の地盤石や紅葉山家綱御仏殿用の石材を献上するなど、藩内特産品である石材供出が賦課され、それにこたえた産出がおこなわれた。

このように第二次番城時代以降、幕府は小田原藩に石を管理させるとともに、「石垣御用」としての賦役を課すことにより、江戸にも近い西相模地域の良質な石を掌握したのである。

小田原城の石垣の石はどこから?

では、優良な石丁場を治める小田原藩の居城、小田原城の石垣はどこで採掘されたのであろうか。

西相模の石丁場は、海浜部に限らず山間部にも確認されている。小田原市内では内陸部の大字久野・入生田《いりゅうだ》などで確認されているほか、さらに内陸の北隣、南足柄市内にも確認されている。このうち、小田原市内の久野《く の》鶴巻《つるまき》石丁場と南足柄市の塚原上向原《つかはらかみむかいはら》石丁場では、「松平土佐守」との刻書や同家の家紋である「三ツ葉柏」紋を刻んだ石のほか、境界を示す刻書が刻まれた石が確認されている（図42）。

久野鶴巻石丁場には、「つるまき山ひがしから／□沢切、くほ入まて／松平土佐守／いしは」とあり、塚原上向原石丁場には「此尾北南、谷川切、水／たり下原まて、北ハ大ケ峰／ひがし永田口ノ北、かの／村山切ひがしを下／松平土左守いしは」と記された石がある。

土佐藩二代藩主山内忠義《ただよし》の功績を記した『山内家史料　第二代忠義公紀』の一六二八年（寛永五）の記事には、確保した石丁場として「久野山ノ内鶴巻山」「塚原山」が確認される。同

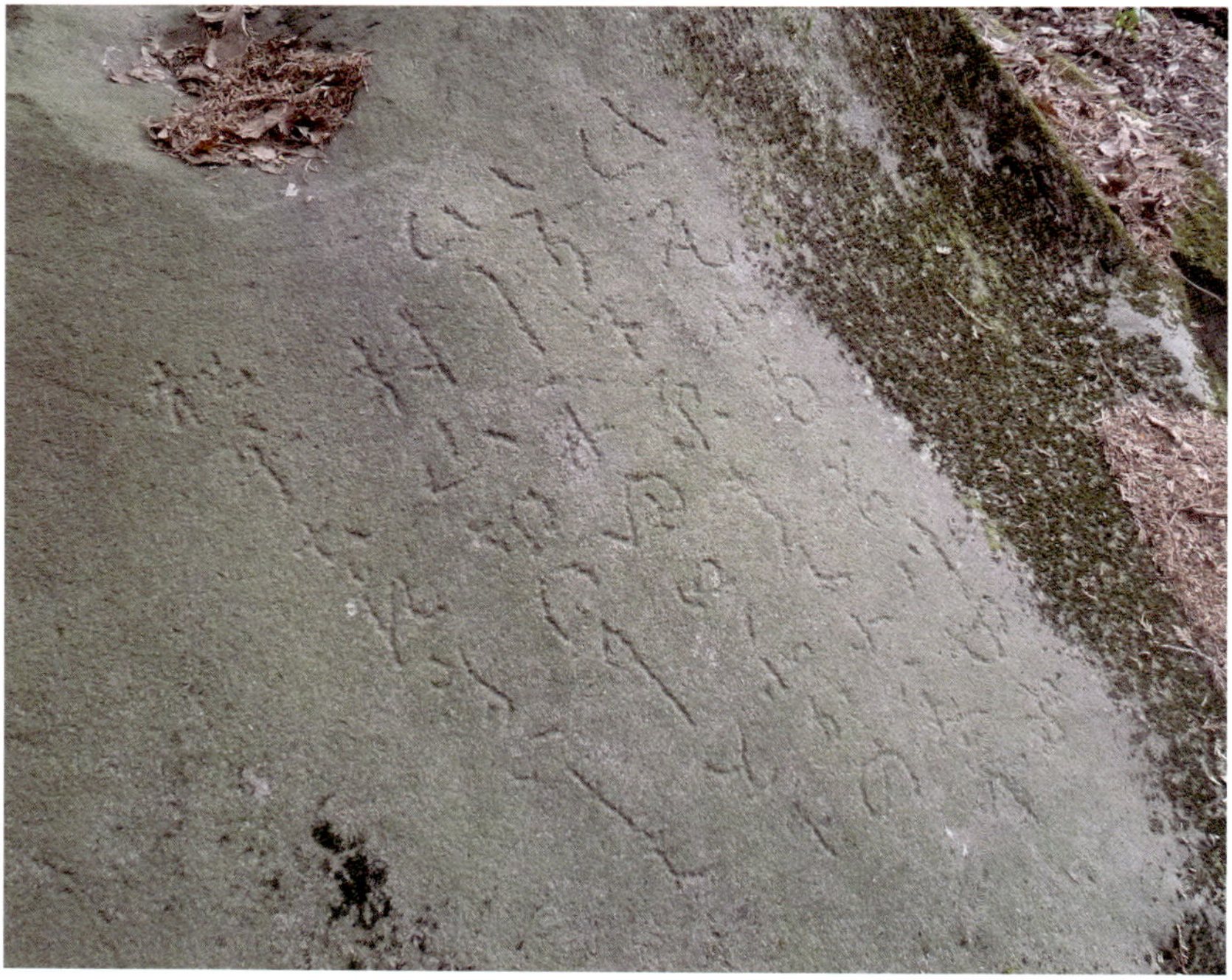

塚原上向原石丁場の刻書

塚原上向原石丁場の「三ツ葉柏」の刻印

小田原城跡御用米曲輪でみつかった「三ツ葉柏」の刻印

図42 ● 小田原市内の石丁場に残る刻印・刻書

土佐藩主山内忠義が採石をおこなったことを示す刻印・刻書で、塚原上向原石丁場の刻書には「此尾北南、谷川切、水／たり下原まて、北八大ヶ峰／ひがし永田口ノ北、かの／村山切ひがしを下／松平土左守いしは」と刻まれている。

文書には「山ニもしるし仕置き候」と山石に刻印・刻書を付したと思われる記述もあり、この記述が現地に残る刻印・刻書に該当する可能性は高い。そして、この記載は一六二五年（寛永二）の徳川秀忠隠居城計画にともなう小田原城修築に備えての記述であると考えられている。

しかし、これらの石丁場の石が具体的に用いられたのかどうかは明確ではなかった。それが二〇一三年、史跡小田原城跡御用米曲輪の調査で、「三ツ葉柏」紋の刻印をもつ石垣石材が出土したことで裏付けられた（**図42**）。出土した場所は小田原城本丸鉄門の下であり、関東大震災により崩落した鉄門の土台石垣として用いられていた石材からの発見であった。

同石材の一部を神奈川県立生命の星・地球博物館の協力を得て分析したところ、小田原市久野から南足柄市岩原一帯で確認される明星ヶ岳溶岩グループに相当する安山岩であることがわかった。鶴巻山から塚原山との刻書と重なる位置の石材であることが科学的にも証明されたのである。そして、「三つ葉柏」紋をもつ特徴から、山内忠義が管理した山間部の石丁場から小田原城に石垣用石材がもち込まれたという点も証明されたのである。

この事例から海浜部の石丁場が江戸城用であったのに対し、内陸部の石丁場が小田原城用に用いられた可能性が高まった。ただし、小田原城への石垣石材搬入の契機は複数あり、これらの石丁場遺跡の石がいつの普請で小田原城に搬入されたのかは、引き続き検証していく必要がある。しかし、いずれにしても、徳川秀忠隠居城計画に際して山内忠義が手をつけた石を、後に小田原城で用いるようになったとの経緯はまちがいない。

石切図屏風の世界

小田原市郷土文化館に所蔵される「石切図屏風」は、安山岩の一大産地であった西相模の石材採掘の様子を示す貴重な絵画資料である。画面には「西の丸御用」と書かれた旗指物を掲げた船や、大久保家の家紋などがみられることから、一八三八年（天保九）と一八五二年（嘉永五）におきた江戸城西の丸の火災にともなう修築時に、石材を切り出した様子を描いたものと推察することができる。

六曲一隻の「石切図屏風」の画面は、第一扇から第三扇にわたる絵と、第四扇から第六扇にわたる絵の二枚から構成されており、上部に貼られた千社札をみると、大正期に屏風の形態に改変されたと考えられる。この屏風でとくに興味深いのは、山中に露出した母岩から石を切り出し、必要な大きさや形に整えて船で搬出するまでの過程を描いた、第一扇から第三扇にわたる絵である（**図1**）。なぜなら、そ

図1　石切図屏風

こに描かれた作業の工程や内容が具体的なだけでなく、現在、聞き取ることのできる近現代の石材採掘の実態と照らし合わせても、そのリアリティが高いと感じられるからである。

作業の進行にそって、順に読み取ってみよう。

作業は画面の一番右からはじまる。大きな丸い石が二つみられ、上の石では、命綱を腰にくくった二人の職人がノミで矢穴をあけている（**図２**）。この大きな石を二つに割ろうという場面である。つぎに、その右下の石。こちらはすでに割れていて、新しい岩肌が青々と描かれている。石の上部にのみ矢穴がみられるのも現実的である。石の下には、この石を割るのに使ったと思われるヤ（矢）とゲンノウが散乱している。ヤは、石が割れると同時に飛び散ったのであろう。

つぎに興味深いのは、すでにある程度形の整えられた、大きな四角い石である。この石の上にも二人の職人が乗っていて、一直線に矢穴を掘っているのがうかがえる。大きく割り取った石を、規格のサイズに割っていく工程であろう。注目したいのは二人の職人の向きである。一人は奥を、一人は手前を向いているが、それには理由がある。人が並んで作業をする場合、同じ方を向いていると、隣り合う職人同士の体が邪魔になる。そこで、互い違いに向き合うことで空間を確保し、効率的に作業を進めるのである。こうした光景は高度経済成長期までみられたといい、各職人に同じ数の矢穴を割り当てることで、互いの競争心を煽る効果もあったという。

この石から画面下にむかうと、石のサイズが小さ

図２　ノミで矢穴をあける

くなり、石垣用の間知石と思われるものも見られる（図3）。最終的な小割り、または加工の段階であろう。テコで石を動かそうとしている職人や、ノミやゲンノウのようなもので最終的な調製をしている職人が描かれている。この現場をさらに細かく見ていくと、尺をあてて石のサイズを測ったり、石に墨を引いたりする人物が目にとまる。おそらく彼らは、現場の作業を取り仕切る棟梁格の職人であろう。近現代の採石丁場でも、石の目や傷の判断から、その石をどの位置で割るかを決定して墨を引くのは、棟梁と呼ばれる職人の頭《かしら》の仕事である。大きな丁場の場合には、全体に目を配るために、二番棟梁や三番棟梁もおかれる。大勢の職人が働くこの「石切図屏風」の丁場でも、当然、こうした労働組織が編成されていたことであろう。

さて、この丁場の片隅には鍛冶仕事をする職人の姿も描かれている。鑿岩機《さくがんき》が導入される以前、石切の作業には鉄製のノミやヤが使われた。硬い石に矢穴をあけるノミの先端はすり減ったり欠けたりし、打ち込まれるヤは石の圧力によって変形する。破損したノミやヤは修理しなければならない。したがって、鍛冶は石切の職人が必ず身につけるべき技術であった。機械化が進む以前の丁場では、鍛冶仕事が朝の日課であったという。「石切図屏風」では、掘立柱にかけられた藁屋根の下に箱型の鞴《ふいご》がすえられ、赤い炎が勢いよくあがっている。暑さのためか、上

図3　間知石を調整する

半身をはだけた職人は、鉄床《かなどこ》の上の道具にセットウを降りおろそうとしている。

なお、画面の一番下には、モッコでコッパを運び出す様子も描かれている。大正生まれの元職人の話によると、コッパの処理は、職人の見習いであるカシキの仕事だったそうだ。そういう目で見てみると、描かれた人物も子供のように見えなくもないが、その判断は保留しておこう。

こうして山から切り出され、規格の大きさや形に整えられた石は、牛のひく荷車で海岸の集積場まで運ばれ、ここから船に積まれて江戸をめざす（**図4**）。帆船が、石を積んだ台船をひくようである。台船に渡された板には転《ころ》が敷かれ、大きな石がまさに積み込まれようとしている。石の前方では大勢が綱をひっぱり、後方ではテコで押している。浜の様子から、潮位は低くみえる。引潮で荷積みをし、満潮とともに出帆するのであろうか。

以上、述べたことは、あくまでも現代の職人の語りを参考にした推測である。ただ、「石切図屛風」で描かれた世界に、違和感を覚えることはない。それはおそらく、この屛風が現場の丁寧な観察のもとに、あるいは、石切のことをよく知る人物によって、描かれたからであろう。

（松田睦彦）

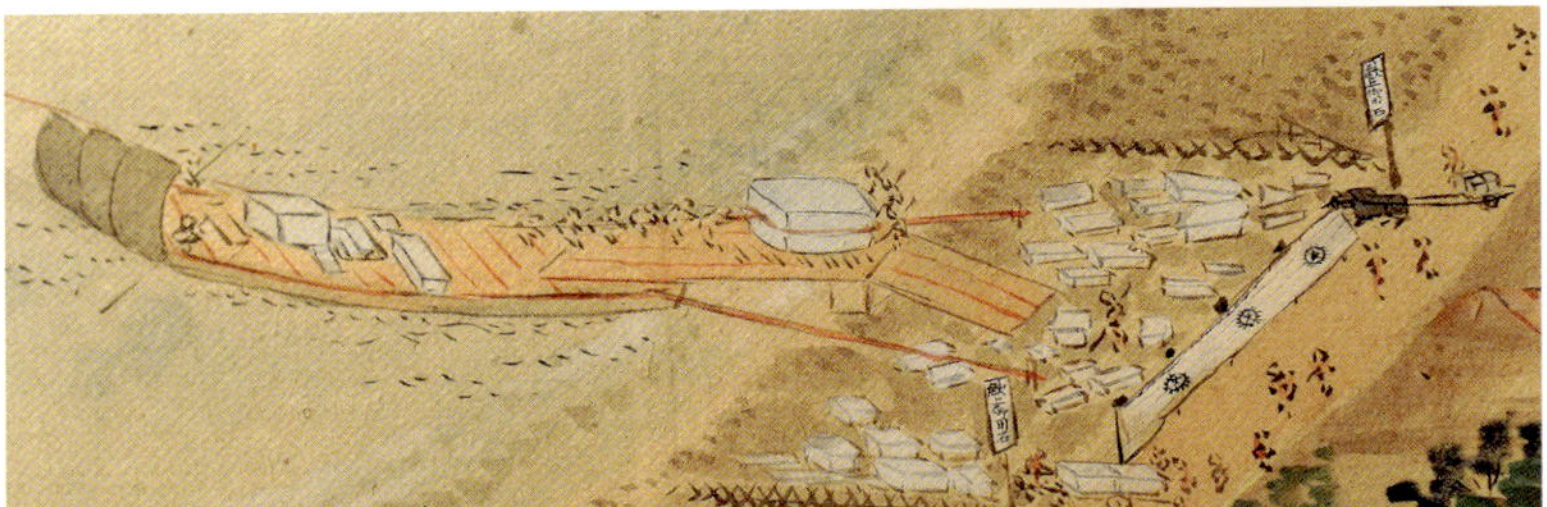

図4　牛がひく荷車で海岸に運び船に積む

第4章　小田原石切のルーツとその後

1　小田原石切のルーツ

奈良の石工「伊派」「大蔵派」

西相模地域の石切の系譜を考える際にふれておかなくてはならないのが、鎌倉時代に奈良を中心に活躍した「伊派《いは》」「大蔵派《おおくらは》」とよばれる石切たちの存在である。

奈良県奈良市の般若寺にある笠塔婆の刻銘によると、一一八〇年（治承四）に平重衡《たいらのしげひら》の南都焼き打ちにより灰燼に帰した東大寺修築に際して、中国明州（寧波）より石切の伊行末《いぎょうまつ》が来日したという。伊行末は、奈良を中心に活躍し、西大寺を復興した律宗の高僧、叡尊《えいそん》の配下として石造物を盛んに造塔した。

その後、伊行末の子孫は「伊派」とよばれ、さらにそのなかから「大蔵派」が分かれ、ともに奈良を中心に活躍している。本書が扱う関東の西相模地方でも、最初期の石塔の造塔にはこの「伊派」「大蔵派」が関わっている。

西相模地方でもっとも古い年号をもつ石塔は、箱根町にある曾我兄弟・虎御前の墓といわれる三基の五輪塔で（**図43**）、右端に位置する虎御前の墓とされる五輪塔に永仁三年（一二九五）の紀年銘が刻まれている。

この五輪塔の造塔者は不明だが、同じく箱根町にある「多田満仲《ただみつなか》宝篋印塔」とよばれる宝篋印塔（**図44右**）には、五輪塔の翌年の永仁四年（一二九六）の年号があり、銘文に「大和国所生左衛門大夫　大蔵安氏」と刻まれている。

また小田原市の北に位置する大井町余見《よみ》には、「余見塔」「ヨリトモサン」とよばれる嘉元二年（一三〇四）の宝篋印塔があり（**図44左**）、「大工藤原頼光《よりみつ》　大倉□安」との銘文が刻まれている。精力的に石造物研究を進めている大和郡山市教育委員会の山川均氏によれ

図43 ● 箱根町の曾我兄弟五輪塔
写真左から約276cm、259cm、262cmの五輪塔で、左の二基が曾我兄弟、右の一基が虎御前の墓とよばれている。虎御前の五輪塔には、1295年（永仁3）の銘文が刻まれている。

ば、この「大倉□安」は大蔵貞安《さだやす》に比定され、多田満仲宝篋印塔の銘文にある大蔵安氏と親子関係にあたるという。

忍性と石工の下向

さらにこの大倉貞安は、多田満仲宝篋印塔の北面に、正安二年（一三〇〇）の年号とともに名を刻んでいる「心阿《しんあ》」と同一人物であると指摘されている。彼らは、叡尊の弟子である忍性《にんしょう》の鎌倉極楽寺への進出にともなって関東に下向し、忍性が西大寺へと戻ったころより造塔を開始したと考えられている。そして、その跡を継いで活躍するのが「心阿」とされる。

そして、この「伊派」「大蔵派」の石切の名を刻む石塔は、一三三二年（正慶元）の鎌倉市覚園寺の宝篋印塔（「広光」作）を最後に姿を消し、その後に造塔された宝

図44 ● **箱根町の多田満仲宝篋印塔**（右）**と大井町の余見宝篋印塔**（左）
両塔の存在から、西相模地域では14世紀初頭に大蔵派により相ついで石塔が建てられていることがわかる。

篋印塔は、「大蔵派宝篋印塔の繊細な造形や、寸分違わぬ切石技術には遠くおよばない」ものとなると評されている。

相模国から伊豆国において確認される紀年銘石造物は約一八〇基あり、覚園寺宝篋印塔までに造塔された石塔・石造物は約三〇基である。いずれも大型でていねいに加工を施した優品であり、石材は箱根安山岩から伊豆半島東部の玄武岩が主体を占めている。石切の系譜から考えると、これらの石塔は忍性とともに下向してきた「伊派」「大蔵派」とよばれた西大寺系の石工を祖として造塔されたものと位置づけることができるであろう。

2　戦国を生き抜いた石切棟梁たち

戦国時代の小田原石切棟梁を追う

さて、「伊派」「大蔵派」の石工たちの後、明確にこの地域における石切の存在が明らかになるのは、一六世紀、鶴岡八幡宮相承院の供僧快元《かいげん》が書き残した日記『快元僧都記』の記録まで待たなければならない。

『快元僧都記』の一五三四年（天文三）三月一日条に「石切等被召上、（中略）自小田原大窪五人」とあり、一五三二年（天文元）からはじまった鶴岡八幡宮の造営にともなって、大窪（小田原市板橋）より石切が派遣されたことがわかる。このほかにも同造営工事には、伊豆長谷や鎌倉の石切が動員されている。

続いて、一五五三年（天文二二）には、小田原北条氏が新しく五人の石切（孫三郎・又二郎・助左衛門・惣左衛門・甚五郎）に扶持を与えたことを示す朱印状があり、ここで再び文献に名前を残す石切が登場する。

これらの文献史料により、山角町遺跡第Ⅳ地点一〇〇号遺構の年代と符合する一六世紀前半に、小田原の大窪に石切が存在していたことが確認できる。山角町遺跡第Ⅳ地点一〇〇号遺構では、これらの石切により出土した石製品が生産されていた可能性は高いといえよう。

石切棟梁左衛門五郎のゆくえ

本書冒頭でもふれたように、戦国時代には、小田原に左衛門五郎・善左衛門という石切棟梁がいた。それ以前の一五五九年（永禄二）には一右衛門という棟梁がいたことも判明している。一五六八年（永禄一一）には、左衛門五郎に父一右衛門の石切棟梁職が安堵されていることから、一右衛門・左衛門五郎が父子であり、石切棟梁職が世襲されていたことがわかる。

しかし、一五七〇年（永禄一三）、「於武州切石之儀被仰付候、相州ニ就有之者、可被処重科候、江戸・河越・岩付を始、城〻有数多間、彼切石之事可走廻旨、被仰出者也、仍如件」と、江戸・河越・岩付をはじめとする城での切石を命ぜられ、武蔵国におもむかずに相模国にとどまっていた場合は重科に処すとして、江戸までの伝馬手形を与えられているのを最後に、小田原における石切棟梁左衛門五郎の存在は確認できなくなる。そして、翌一五七一年（元亀二）に比定される文書では、「石切棟梁　善左衛門」宛の文書が出されていることから、この一年間に石切棟梁職は左衛門五郎から善左衛門へと交替していることがわかる。

この間、左衛門五郎の身に何があったのであろうか。

一五七二年（元亀三）二月になると、左衛門五郎は、駿河で甲斐武田氏の家臣である穴《あな》山信君《やまのぶただ》から普請を免除されており、同年三月には同家臣の朝比奈信置《あさひなのぶおき》から「庵原西方《いはらにしかた》」を与えられている。

左衛門五郎が小田原を離れ、駿河庵原郡（静岡県静岡市）でその消息が確認されるということを考えると、武蔵国出向を命じられた先の文書のとおり、指示に従わなかったために棟梁職を剝奪されて、左衛門五郎は駿河へと退去、小田原北条氏下での石切棟梁は善左衛門へと受け継がれたと推測できる。

しかし、残念ながらこのとき左衛門五郎の身に何があったのかを確認する史料はない。

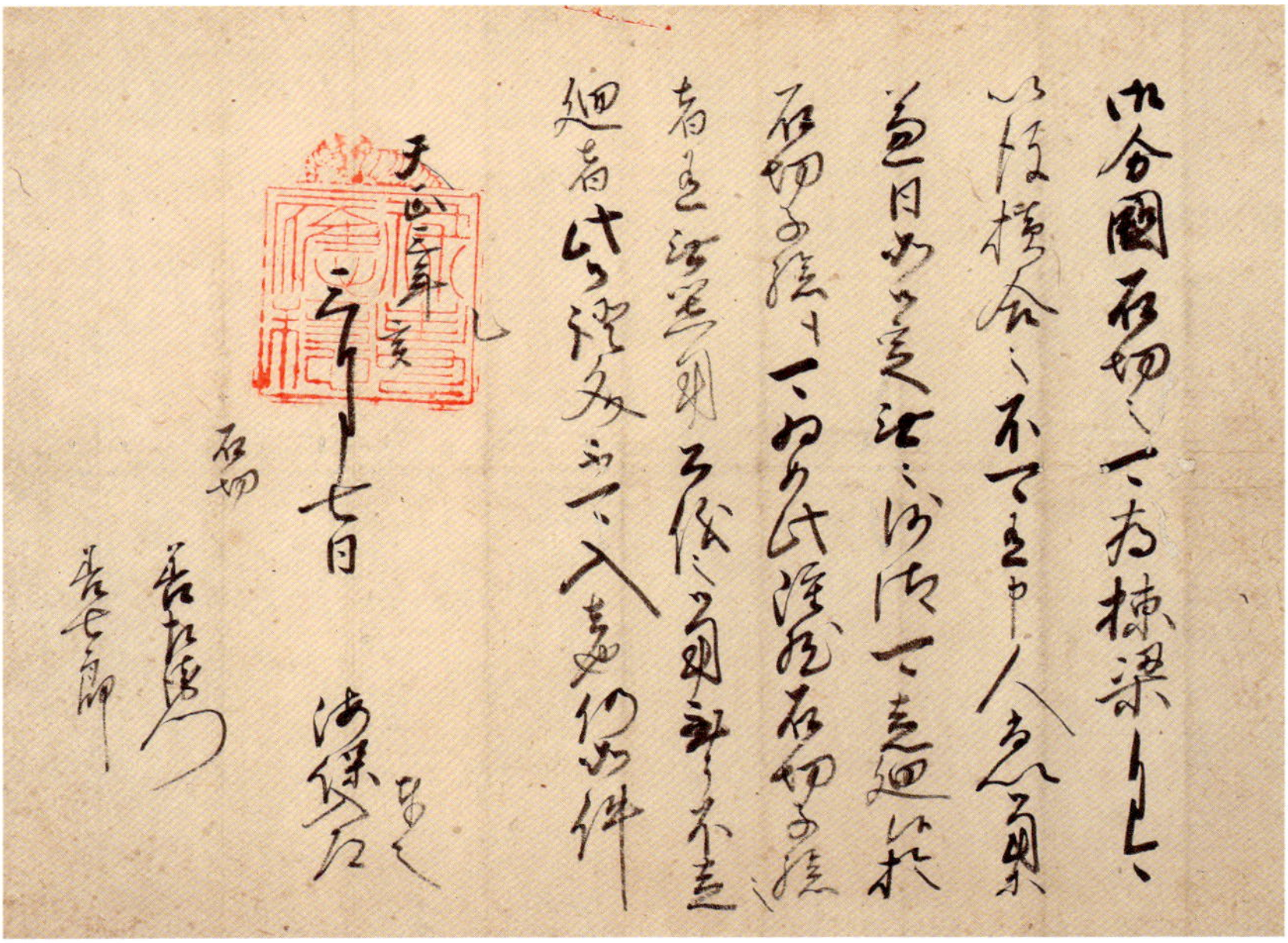

図45 ● 善左衛門・善七郎への北条氏虎朱印状
小田原北条氏は、石切の善左衛門・善七郎を石切棟梁に任じ、以後その子孫にも棟梁の地位を継承することを認めている。

穴山信君は一五七二年段階には庵原領を治めており、朝比奈信置は甲斐武田氏の駿河先方衆として高部《たかべ》（庵原）城に在城していた。このころ、小田原北条氏と甲斐武田氏は同盟を破棄して敵対関係にあったことから、左衛門五郎は小田原北条家から甲斐武田家へと仕官先を代えたこととなる。

その後、左衛門五郎の名は一五八一年（天正九）七月まで確認され、同年一一月には「石切市右衛門」が「石切居屋敷」を与えられている。庵原へ移った左衛門五郎の系譜は、父一右衛門の名を継ぐ市右衛門へと受け継がれていったのである。

「関八州石切棟梁」善左衛門

一方、小田原で石切棟梁職を継承した善左衛門の系統（青木家）は、現在も小田原市板橋で石材店を営んでいる。青木家には、一八〇三年（享和三）、小田原板橋村（旧大窪村）の一二代石屋頭青木善左衛門が書き上げた「由緒書覚」が残っている。

この「由緒書覚」によると、青木家の祖は甲州の浪人であり、駿河田中郷に居住して田中を名乗ったとある。明応年中（一四九二～一五〇一年）に小田原北条家に仕え、石切とともに「北条家御代々隠密之御用」を務めたという。そして、「関八州石切棟梁」として「山石切仕上ケ職人五輪師不残棟梁之職下被仰付候」と、山石を切り出す職人・仕上げ職人・五輪塔などを作成する職人などをことごとく配下としたとある。

青木家の祖である善左衛門が、実際に左衛門五郎に代わり石切棟梁としてはじめて史料に登場するのは、一五七一年（元亀二）の文書である。そして、一五七五年（天正三）に「御分国石切之可為棟梁」と領国内の石切棟梁に任じられ、「於石切子孫も可為如此」と、子孫まで全領国における石切棟梁職を継承することを認められている（図45）。

「由緒書覚」によると、善左衛門は岩村（神奈川県真鶴町）に居住していたが、小田原城普請・作事が成就すると御組長屋に移り、板橋村にも屋敷を拝領したという。

江戸幕府に仕える

しかし、一五九〇年（天正一八）の小田原城落城後は浪人となり、板橋村へ移住したと記されている。その後、徳川家康が小田原城を巡見した際に「小田原石」を用いた焔硝蔵《えんしょうぐら》の細工を認めて召し出し、「石屋善左衛門歟」と直接声を掛けられたことから、石屋善左衛門を名乗り、そして二代目善左衛門を継いだ善七郎からは青木善左衛門を名乗ったという。

江戸日本橋にも屋敷を拝領し、「天正寅年（一八年）から寛永午年（七年）迄四拾年余御奉

図 46 ● 築地にあった小田原町の名残、「小田原橋」の親柱
江戸時代、小田原から運ばれた石材の荷上場は「小田原町」とよばれた。このコンクリート製の親柱は「小田原町」の名をいまに伝える。

公仕候」とある。そして「慶長年中江戸駿府両御城御作事之節仕上ケ井山切の御用」と、小田原北条氏滅亡後、一六三〇年（寛永七）までの四〇年間、江戸城・駿府城における工事を仕上げ、山石切の御用を努めたと記されている。

江戸城修築に際しては、一五九六年（文禄五）に幕府代官伊奈忠《ただ》次《つぐ》・長谷川長綱《ながつな》・大久保長安《ながやす》・彦坂元正《もとまさ》連名により、「従江戸小田原まて石きり伝馬」と、伝馬手形が発給されている様子や、一六一七年（元和三）に老中伊丹康勝《やすかつ》・安藤重信《しげのぶ》・土井利《とし》勝《かつ》・酒井忠利《ただとし》から直接「寸尺如此前壱万程度きらせあるへく候」と、一万個の切石が命じられている文書が残ることからも、石屋善左衛門家が重要な役割を果たしていたことが裏づけられ

図47 ● 品川沖の第三台場とその石垣
幕末の外国船来航に備え、品川沖に構築された台場。
現在は台場公園となっている。

る。

その後、石屋善左衛門家は幕末に品川台場（図47）の造営などもおこない、明治維新をへて現在に至っている。

3　その後の石丁場

「御用丁場」「名主丁場」「商人丁場」

石切棟梁の動向を早足でみてきたが、前章までにみた地元の石丁場や在地の石切・石生産は江戸城修築特需以降、どのように展開していったのだろうか。

一六三六年（寛永一三）に外堀の掘削・石垣化などの江戸城大修築が終了すると、諸大名が管轄する「御用丁場」の管理は名主に委託されるようになる。そして、名主管理のもとでいざというときに備え、丁場に残る石材の形状や本数が各大名家に報告される。それ以外に、「名主丁場」とよばれ、自村内で入会地などを借り受けてみずから運営する民営丁場、商人資本による「商人丁場」の三種類の丁場が存在した。

一六八五年（貞享二）、小田原藩主稲葉正通《まさみち》が越後高田（新潟県上越市）へと転封となると、同三年から再び大久保氏が藩主となった。稲葉氏から大久保氏への引き継ぎ書である『稲葉家御引送書写』には、「石出候処々」として、相模根府川村（飛石）、相模風祭村（水道石）、相模岩村（堅石）、相模真鶴村（堅石・庭石）、伊豆多賀村（青石）が書き上げられており、『真鶴村書上ケ帳』によると、このほかにも相模江之浦村・相模新井村（福浦村）でも石が切り出されていたことがわかる。

石丁場の管理

このうち風祭村の石丁場は、先にみた石切棟梁善左衛門の管理下にあったが、そのほかの村は村名主の管理下におかれていた丁場が多かったようである。そして、これらの村々の石切を取り仕切るのは岩村の名主の役目であり、岩村が石の切り出しの差配と石切御用の差配をおこない、真鶴村が搬出のための船の差配を受けもっていた。そのほかの村では、岩村・真鶴村の石材切り出しに際しての人足の供出をおこなっており、真鶴村・岩村の二村がこの辺りの石切の中心となっていた。

そして、これら石材の取引は小田原藩の管理下におかれ、藩に無断で石を切り出すことは御法度であった。切り出された石は、まずは名主によって形状・種類・本数が記録され、それを藩の役人に提出、了承をえたうえで村が用意した石積船で江戸へと運ばれていった。

石材業の停滞

そのような状況で在地での石材業は継続していくものの、都市江戸の熟成とともにその需要は減り、西相模における石材業は窮地に立たされることになる。

一六九一年（元禄四）に岩村の名主が小田原藩郡奉行に提出した口上書には、江戸城普請のころには数十カ所の丁場が動いており、一八、一九年前までは丁場も五六、五七カ所はあったが、石の注文が減り、今は三、四カ所になってしまったと記している。「御用丁場」も廃れ、各名主の家にも、その丁場をなぜ管理することになったのかなどの由来が失われていったと記されている。

石材採掘の中心地であった岩村では、一七一五年（正徳五）・一八四四年（天保一五）に「漁業渡世転業願」を小田原藩へ提出している。また、一七二五年（享保一〇）に宇佐美村（伊東市）が石丁場を開設すると、石材業を主産業とする岩村を惣代とする江之浦村・根府川村・真鶴村・門川村（湯河原町門川）・吉浜村（湯河原町吉浜）の片浦筋六村は、「石方六ケ村」を結成し、小田原藩へ抗議している。なお、「石方六ケ村」には、江之浦村・根府川村の代わりに福浦村・鍛冶屋村（ともに湯河原町）が含まれる場合もあるが、これらの村々は石丁場をめぐって対立しながらも他村の石丁場開設などには団結してことにあたり、御用石の産出は原則的にこれら「石方六ケ村」に限られていた。

幕末・明治初期の石丁場

その後、しばらく低迷していた石材業は、外国船の到来による港湾施設・台場の築造や地震・災害などの復興用材としての需要が増加し、一八三八年（天保九）や一八五二年（嘉永五）の江戸城西の丸の火災や、一八四四年（弘化元）・一八五九年（安政六）の江戸城本丸の火災などにともなう修築用石材の供出により息を吹き返すことになる。

一八五九年の普請にともなって供された石材は一三種類四万二三五二本、約一万三二〇〇両あまりの事業であった。そして、需要の増加とともに石材業に再興の兆しがみえると、一八六〇年（万延元）には早川村が新規石丁場開設を願い出ている。この早川村の石材採掘参入の主張を、さきの「石方六ケ村」は、早川村が「是迄石方無役之村」と石役を努めた経験がないことから拒否している。結果的に小田原藩の介入もあって早川村には石丁場開設が許可されることとなったが、これは「石方六ケ村」の独占を崩すきっかけともなる出来事であった。

この出来事は、見方を変えると、一八六〇年以前には早川村が石材業に関与しておらず、早川村内に大規模な石丁場が存在していなかったことを意味している。つまり、現在確認できる早川地内の大規模な石丁場は、小田原藩が関与した時期のものではないということになる。つまり、大字早川に残る大規模な石丁場遺跡が早川石丁場群関白沢支群に限られることを考えると、早川石丁場群関白沢支群が『伊豆石場之覚』に記された一六二九年（寛永六）の「早川新丁場」に該当する可能性は高いといえる。

その後、明治維新を迎えると、「石方六ケ村」を中心とする西相模の石山は工部省の管轄となり、横須賀造船所の建設をはじめとする灯台や港湾の建設、陸軍省武器庫や鉄道建設用石材への需要の高まりから、六カ村は合議制により運営する「真鶴会社」を結社する。その後、事業は進展・拡大し、社名は「堅石会社」と改められたが、一八八三年（明治一六）に損金がかさんで廃業となり、この後の石山の経営は個人へと移っていったのである。

第５章　石が導く歴史への招待

山角町遺跡・御組長屋遺跡の評価

山角町遺跡・御組長屋遺跡は、中世前期以来の大型特別注文品が主体であった石製品の製作手法を見直させる遺跡であり、サイズに見合った山石を切り出し、運び出して加工していた時代から、手近な河原の転石を用いた円礫加工により小型品の量産を可能にした生産体制への変化を示している。

その画期は一五世紀後半にあり、一五世紀における瀬戸・美濃の窯業生産における地下式窖《あな》窯《がま》から大窯とよばれる地上窯への変化、あるいは大鋸《おおのこぎり》の導入による木材加工の革新など、各分野で確認される事象でもある。こうした各職種の生産体制の変化、量産化は「一五世紀の生産革命」とも評価され、山角町遺跡・御組長屋遺跡の石製品生産遺跡は、このような時代の変革を石材の生産という分野から確認させてくれた遺跡と評価することができる。

そのうえ山角町遺跡・御組長屋遺跡は、石製品の生産年代が把握できるとともに、生産者である石切の存在、経済的・政治的な庇護者となりうる権力者（小田原北条氏）の存在、そして、素材となりうる石の産出地や採集地が科学的に裏づけられるという複合的・多角的な視点での条件がそろった遺跡なのである。

中世前期の生産実態は？

とはいえ、山角町遺跡・御組長屋遺跡は一五世紀末以降の遺跡である。ここで明らかにできたのは、中世後期以降における石製品の生産活動の一端にすぎず、中世前期の様相を解明するには至っていない。

硬質石材の産出地の少ない関東地方においては、中世前期から西相模地域を生産地とする石材の加工がおこなわれていたことは間違いない。それは、紀年銘をもつ石塔類の石材鑑定からも見出せる点であるが、その生産体制の実態は不明である。

それが中世後期になってオーダーメイド生産か

図48 ● 山角町遺跡第Ⅳ地点の発掘風景
多くの自然円礫が集積された100号遺構。このなかに石製品生産体系の変化を示すヒントがあった。

ら小型量産化へと移行し、都市あるいは都市に近い加工場が経営されるようになり、本書で紹介した石製品生産遺跡が確認されるに至ったと評価することができる。

それに反し、中世前期の石製品生産遺跡の把握は、絶えず掘削され、古い採掘の痕跡が残りづらいという石材採掘方法を考慮すると、遺跡として捉えることは難しい可能性がある。

そのためにも、山角町遺跡・御組長屋遺跡の事例をもとに、中世前期の石製品の生産状況の把握に努めていくことが、今後の大きな課題といえよう。

早川石丁場群関白沢支群の評価

早川石丁場群関白沢支群は、江戸城築城という国家レベルの普請事業にともなう遺跡であった。これまでの生産体系とは異なり、求める製品を一定の規格に特化することで、人員を多量に動員し

図49 ● 整備された早川石丁場群関白沢支群
調査時に10区と呼称された石材の一群は、道路計画が変更され橋が架けられて、現在は暫定的な史跡整備がおこなわれ、保存・公開されている。

量産化を可能にした。このことは、戦国期をへて天下統一がなされたことにより、新たな生産方法が確立されたことを示しているともいえる。

小田原北条氏滅亡後、箱根火山の恩恵による地域の財産は徳川家が継承した。徳川家康は、長く続いた戦国の世に終止符を打つことに成功するが、平和が訪れた反面、生じた失業者数の増加と経済危機に直面することになる。家康は、その危機を江戸に首都を創生するという一大公共事業を展開することで乗り越えた。石垣普請にともなう多くの石材調達も、まさにそのような時代の転換点を支えた事業の一つであったといえよう。

こうして、現在の日本国の首都、東京の素地ができあがったのである。旧石器時代以来、人間にとってもっとも身近な素材であった石を通じて、中世から近世へという歴史の大きな転換点を垣間見せてくれる遺跡が小田原市に存在したのである。

参考文献

秋池　武　二〇〇二「中世石造物転石石材利用の検討―榛名山給源の多孔質角閃石安山岩石材を通して―」『双文』第一九号　群馬県立文書館
秋池　武　二〇〇五『中世の石材流通』高志書院
秋池　武　二〇一〇『近世の墓と石材流通』高志書院
蘆田伊人編　一九七六『新編相模国風土記稿』第二巻　大日本地誌大系二〇　雄山閣
内田　清　二〇〇一「足柄・小田原産の江戸城石垣石―加藤肥後守石場から献上石図屏風まで―」『小田原市郷土文化館研究報告』三七　小田原市郷土文化館
大塚健一ほか　二〇一一『石橋石丁場群玉川支群』かながわ考古学財団調査報告二六六　財団法人かながわ考古学財団
香川達郎　二〇〇五『神奈川県小田原市　御組長屋跡第Ⅴ地点発掘調査報告書』玉川文化財研究所
香川達郎ほか　二〇〇六『神奈川県小田原市　山角町遺跡第Ⅳ地点発掘調査報告書』玉川文化財研究所
金子浩之・杉山宏生　二〇〇三「江戸城の石切丁場」『石垣普請の風景を読む―城の石垣はいかにして築かれたのか―』東北芸術工科大学
川勝政太郎　一九五六『日本石材史』日本石材振興会
栗木崇ほか　二〇〇九『熱海市内伊豆石丁場遺跡確認調査報告書』熱海市教育委員会
黒田基樹　一九九五「武田氏の駿河支配と朝比奈信置」『武田氏研究』第一四号　武田氏研究会
小林義典ほか　二〇〇一『神奈川県小田原市　御組長屋遺跡第Ⅰ・Ⅱ・Ⅲ・Ⅳ地点発掘調査報告書』都市計画道路小田原早川線改良工事遺跡発掘調査団
齋藤慎一ほか　二〇〇七『特別展　江戸城』江戸東京博物館
斎藤彦司　一九九八「第六章　石造物」『小田原市史』通史編原始古代中世　小田原市
狭川真一　二〇〇四「石塔の実測」『元興寺文化財研究』八四　元興寺文化財研究所
狭川真一ほか　二〇一七『石塔調べのコツとツボ』高志書院
佐々木健策　二〇〇九「西相模における石塔の加工と変遷」『小田原市郷土文化館研究報告』四五　小田原市郷土文化館
佐々木健策　二〇〇九「円礫による石製品の加工」『歴博』一五五号　国立歴史民俗博物館
佐々木健策　二〇〇九「円礫加工にみる石材加工技術」『中世における石材加工技術―安山岩製石造物の加工と分布―』科学研究費補助金「中世東アジアにおける技術の交流と移転―モデル、人、技術―」研究会　国立歴史民俗博物館
佐々木健策　二〇〇九「相模国における墓制の展開と石塔の分布」『日本の中世墓』高志書院
佐々木健策　二〇一〇「中世後期の小型石塔に見る加工技術と伝播」『中世東アジアにおける技術の交流と移転―モデル、人、技術』国立歴史民俗博物館
佐々木健策　二〇一三「石製品の生産」企画展示「時代を作った技術―中世の生産革命―」展示図録　国立歴史民俗博物

館
佐々木健策　二〇一八「挽き臼類の展開にみる中世」国立歴史民俗博物館研究報告第二一〇集『中世の技術と職人に関する総合的研究』国立歴史民俗博物館
白峰　旬　二〇〇八「九州諸藩における穴太・石垣普請関係リスト〟、に関する初見」『金沢城石垣構築技術史料Ⅰ』金沢城史料叢書七　石川県金沢城調査研究所
杉山宏生ほか　二〇一〇『伊豆石丁場遺跡確認調査報告書』伊東市教育委員会
高橋好信ほか　二〇一四『下里・青山板碑石材採掘遺跡群―割谷採掘遺跡―』小川町埋蔵文化財調査報告書第三三集　小川町教育委員会
中島圭一　二〇一〇「十五世紀生産革命論序説」『中世東アジアにおける技術の交流と移転―モデル、人、技術―』国立歴史民俗博物館
中島圭一　二〇一八「十五世紀生産革命論再論」国立歴史民俗博物館研究報告第二一〇集『中世の技術と職人に関する総合的研究』国立歴史民俗博物館
野中和夫編　二〇〇七『石垣が語る江戸城』ものが語る歴史一二　同成社
服部美都里　一九九四「和泉石工考序論」『文化財学論集』文化財学論集刊行会
本間岳人　二〇〇九「関東地方における中世石造物―石材と石塔、関東形式について―」『中世における石材加工技術―安山岩製石造物の加工と分布―』前掲
松井一明　二〇〇九「駿河遠江における安山岩製石塔の分布と流通」『中世における石材加工技術―安山岩製石造物の加工と分布―』前掲
三瓶裕司ほか　二〇〇七『早川石丁場群関白沢支群』かながわ考古学財団調査報告二一三　財団法人かながわ考古学財団
三輪茂雄　一九七八『臼』ものと人間の文化史二五　法政大学出版局
三輪茂雄　一九九九『日本を知る　粉と臼』大巧社
牟礼町　一九九八『重要無形文化財　牟礼・庵治の石工用具』香川県牟礼町
山川　均　二〇〇六『石造物が語る中世職能集団』日本史リブレット二九　山川出版社
山川　均　二〇〇八『中世石造物の研究―石工・民衆・聖―』日本史史料研究会選書二　日本史史料研究会
山口剛志ほか二〇一五『早川石丁場群関白沢支群　分布調査報告書』小田原市文化財調査報告書第一七五集　小田原市教育委員会
山下浩之　二〇〇九「岩石学的検討による石材給源の推定―箱根火山の安山岩を例に―」『中世における石材加工技術―安山岩製石造物の加工と分布―』前掲
山下浩之ほか　二〇〇八『特別展図録　箱根火山　いま証される噴火の歴史』神奈川県立生命の星・地球博物館
（市町村史は省略した）

早川石丁場群関白沢支群

・神奈川県小田原市早川字箕ヶ窪地内
・問い合わせ　小田原市文化部文化財課　電話０４６５（３３）１７１５

箱根登山鉄道「入生田」駅から石垣山一夜城につながる道路の途中「箕ヶ窪橋」の下に、石丁場跡が保存されている（本文図49参照）。また、道路各所に解説板があり石曳道や散乱する石材などを見学することができる。

神奈川県立生命の星・地球博物館

・小田原市入生田４９９
・電話　０４６５（２１）１５１５
・開館時間　９：00〜16：30（入館は16：00まで）
・休館日　月曜日（祝日・振替休日にあたる場合は翌平日）、国民の祝日等の翌日、年末年始
・常設展示観覧　一般５２０円、15〜20歳未満・学生３００円、高校生・65歳以上１００円、中学生以下無料
・交通　箱根登山鉄道入生田駅から徒歩3分

地球の誕生から現在までの四六億年にわたる地球の歴史と生命の多様性を展示する博物館。箱根火山の活動と生成された岩石について学ぶことができる。

神奈川県立歴史博物館

・横浜市中区南仲通5—60
・電話　０４５（２０１）０９２６
・開館時間　９：30〜17：00（入館は16：30まで）
・休館日　月曜日（祝日・振替休日にあたる場合は翌平日）、国民の祝日等の翌日、年末年始
・常設展示観覧　一般３００円、20歳未満・学生２００円、高校生・65歳以上１００円、中学生以下無料
・交通　みなとみらい線馬車道駅から徒歩1分、ＪＲ桜木町駅・関内駅から徒歩8分

神奈川県の歴史を解説する歴史博物館。小田原北条氏の歴史や小田原石切のルーツにかかわる中世の仏教と信仰の歴史も学ぶことができる。

小田原城天守閣

・小田原市城内6—1
・電話　０４６５（２２）３８１８
・開館時間　９：00〜17：00（入館は16：30まで）
・休館日　12月31日〜1月1日（12月第2水曜日）
・入館料　一般５００円、小中学生２００円
・交通　小田原駅から徒歩10分

一九六〇年復興。最上階からは相模湾が一望でき、内部では小田原城の歴史を伝える資料を展示で紹介している。城址公園内にはこのほか常盤木門ＳＡＭＵＲＡＩ館、小田原城歴史見聞館（ＮＩＮＪＡ館）などの分館がある。

小田原市郷土文化館

・小田原市城内7—8
・電話　０４６５（２３）１３７７
・開館時間　９：00〜17：00
・休館日　年末年始
・入館料　無料

小田原市内出土の考古資料などを展示。

遺跡には感動がある

――シリーズ「遺跡を学ぶ」刊行にあたって――

「遺跡には感動がある」。これが本企画のキーワードです。

あらためていうまでもなく、専門の研究者にとっては遺跡の発掘こそ考古学の基礎をなす基本的な手段です。また、はじめて考古学を学ぶ若い学生や一般の人びとにとって「遺跡は教室」です。

日本考古学では、もうかなり長期間にわたって、発掘・発見ブームが続いています。そして、毎年厖大な数の発掘調査報告書が、主として開発のための事前発掘を担当する埋蔵文化財行政機関や地方自治体などによって刊行されています。そこには専門研究者でさえ完全には把握できないほどの情報や記録が満ちあふれています。しかし、その遺跡の発掘によってどんな学問的成果が得られたのか、その遺跡やそこから出た文化財が古い時代の歴史を知るためにいかなる意義をもつのかなどといった点を、莫大な記述・記録の中から読みとることははなはだ困難です。ましてや、考古学に関心をもつ一般の社会人にとっては、刊行部数が少なく、数があっても高価なその報告書を手にすることすら、ほとんど困難といってよい状況です。

いま日本考古学は過多ともいえる資料と情報量の中で、考古学とはどんな学問か、また遺跡の発掘から何を求め、何を明らかにすべきかといった「哲学」と「指針」が必要な時期にいたっていると認識します。

本企画は「遺跡には感動がある」をキーワードとして、発掘の原点から考古学の本質を問い続ける試みとして、日本考古学が存続する限り、永く継続すべき企画と決意しています。いまや、考古学にすべての人びとの感動を引きつけることが、日本考古学の存立基盤を固めるために、欠かせない努力目標の一つです。必ずや研究者のみならず、多くの市民の共感をいただけるものと信じて疑いません。

二〇〇四年一月

戸沢充則

著者紹介

佐々木健策（ささき・けんさく）

1974年、埼玉県生まれ。國學院大學文学部史学科卒業。
財団法人埼玉県埋蔵文化財調査事業団、熊谷市教育委員会、小田原市教育委員会などを経て、現在、小田原市経済部小田原城総合管理事務所計画係長。慶應義塾大学非常勤講師、国立歴史民俗博物館共同研究員、日本貿易陶磁研究会世話人。
主な著書　「中世小田原の町割と景観」（藤原良章編『中世のみちと橋』高志書院、2005年）、「小田原北条氏の威信―文化の移入と創造―」（橋本澄朗ほか編『東国の中世遺跡―遺跡と遺物の様相―』随想舎、2009年）、「城館遺跡出土の貿易陶磁―16世紀の後北条領国を例に―」（日本貿易陶磁研究会編『貿易陶磁研究』29、2009年）、「城下町の区画―相模国小田原を例に―」（中世都市研究会編『都市を区切る』山川出版社、2010年）ほか。

コラム1　山下浩之（神奈川県立生命の星・地球博物館主任学芸員）
コラム2　松田睦彦（国立歴史民俗博物館准教授）

写真提供（所蔵）
神奈川県立生命の星・地球博物館：図1・4／神奈川県立歴史博物館：図3（個人所蔵）・18（上）・32（内「セットウ」厚木市教育委員会所蔵）・45（個人所蔵）／山下浩之：図9／鎌倉国宝館：図10（右）／葛飾区郷土と天文の博物館：図19（上）／平塚市博物館：図20（上）／小田原市教育委員会：図24・36・37／神奈川県教育委員会：図26・31／熱海市教育委員会（田畑みなお撮影）：図38／小田原市郷土文化館：コラム2／追川吉生：図47／玉川文化財研究所：図48
図版出典（一部改変）
図2：国土地理院20万分の1地勢図「横須賀」「三宅島」「静岡」「御前崎」／コラム1：国立公園地質リーフレット1『箱根火山』より「箱根火山地質図」（日本地質学会）／図5：国土地理院2万5千分の1地形図「小田原南部」／図27：金子・杉山2003より／図29：山口剛志ほか2015より
上記以外は著者

シリーズ「遺跡を学ぶ」132

戦国・江戸時代を支えた石　小田原の石切《いしきり》と生産遺跡

2019年 2月 10日　第1版第1刷発行

著　者＝佐々木健策

発行者＝株式会社 新 泉 社

東京都文京区本郷2－5－12
TEL 03（3815）1662 ／ FAX 03（3815）1422
印刷／三秀舎　製本／榎本製本

ISBN978－4－7877－1932－4　C1021

シリーズ「遺跡を学ぶ」

第1ステージ（各1500円＋税）

02 天下布武の城 安土城　木戸雅寿
05 世界をリードした磁器窯 肥前窯　大橋康二
11 江戸のミクロコスモス 加賀藩江戸屋敷　追川吉生
38 世界航路へ誘う港市 長崎・平戸　川口洋平
39 武田軍団を支えた甲州金 湯之奥金山　谷口一夫
40 中世瀬戸内の港町 草戸千軒町遺跡　鈴木康之
43 天下統一の城 大坂城　中村博司
56 大友宗麟の戦国都市 豊後府内　玉永光洋・坂本嘉弘
57 東京下町に眠る戦国の城 葛西城　谷口 榮
61 中世日本最大の貿易都市 博多遺跡群　大庭康時
72 鎌倉幕府草創の地 伊豆韮山の中世遺跡群　池谷初恵
75 浅間山大噴火の爪痕 天明三年浅間災害遺跡　関 俊明
90 銀鉱山王国 石見銀山　遠藤浩巳

第2ステージ（各1600円＋税）

101 北のつわものの都 平泉　八重樫忠郎
122 石鍋が語る中世 ホゲット石鍋製作遺跡　松尾秀昭